JN067447

クリエイティブ
ディシジョン
メイキング

TAMURA YOICHI 田村 洋一

CREATIVE DECISION MAKING

意思決定の地図とコンパス

Evolving

まえがき

本書の初稿を読み返していた頃、たまたま旧知の人物がメディアの取材に答えている様子を目にした。

彼は人生の激しい荒波に流されて現在に至っている。今も次から次へと目の前に問題が現れ、それに対処しているうちに生きていると言う。こんなふうに生きてやろう、あんなことをしてやろう、などと考えて実行する余裕もない怒涛の展開で、嵐の中を流れに沿って生きてきたので、自分で選択して現在に至ったという意識を持てない、これからも「なるようにしかならない」と思っている。

私はそれを聞いて「なるほど、これだ」と思った。

彼ほど劇的な半生を送っていない人でも「流されて生きている」人は多い。それをよしとする人もいれば、我ながら主体性がないと自嘲する人もいる。それどころか、人生の中で自分に決められることなどほとんどない、と自信たっぷりに断言する人すらいる。

本書はそういう生き方にはっきりと異を唱える。

実際のところ、人生を有意義に生きていくために私たちができることは無限にある。人生の荒波に流されて生きていくしかないというのは無知ゆえの敗北にすぎない。

世間に蔓延するこうした考え方は、自由な選択や意思決定といった概念に対する根本的な誤解から生まれている。意識的で大きな決断だけをもって自分の選択や意思決定だと思い込んでいるのである。

現実の人生は絶え間ない小さな決断と行動によって成り立っている。そのほとんどは無意識だ。朝目覚めて、まず何をするか。起きてすぐに何をするか。その1日をどう過ごすか。いつ食事するか。何を飲み、何を食べるか。どこへ行って何をするか。誰と会い、何を話し、どう別れるか。1日をどう終えるか。いつ寝るのか。どう眠るのか。起きている間中、私たちはほとんど無自覚に何かを決め、行動し、その結果を引き受けている。夜に眠って見る夢さえもが日中の思考と言動によって左右されている。

その絶え間ない小さな決断と行動の積み重ねによって私たちの日常が左右され、些細に思える習慣によって私たちの小さな世界が形成されていく。

自分には世界を変えることなどできない、世界によって自分が変えられるだけだ、と無力感を訴える人たちがいるが、それは一面の真実でしかない。大きな決断や意識的な意思決定のことだけを考えているために生じた誤解なのだ。

このことを私は大きく3つの次元で学んできた。パーソナルな次元、アカデミックな次元、そしてプロフェッショナルな次元である。

パーソナルな次元とは私自身の人生である。子どもの頃に見た夢、若い頃に描いたビジョン、キャリアの節目で立てた目標などが、次々と現実のものになっている。今から20年前、30代の頃に半生を振り返ってこう思ったことを思い出す。「人生は思うようにならない。しかし思ったようになっていく」と。日々の暮らしの中で考えることは思うように制御できない。次から次へと問題が現れてそれに翻弄される日もある。しかし5年、10年、20年という長いスパンで見ると、自分自身の価値観や志に沿って物事が推移していくことが多い。それは劇的な英断や大胆な言動によるよりも、日々の小さな決断と行動によってそうなっていくのだ。

詳しくは本文（特に第10章）に譲るが、自分で決められることと自分では決められないことを見極め、自分で決められることを一つひとつ決めて実行していくことが大切だ。私たちは波や風を決めることはできない。しかし自分がどの波に乗り、どの風に流されるのかを選ぶことはできる。常にそれができなくても、選ぶチャンスは無数に訪れる。クリエイティブな意思決定を行う知力や体力を日々の習慣の中に織り込んでいくことによって、私たちは地球を動かすのではなく、動いている地球の上で自由に生きることが可能になるのだ。

アカデミックな次元とは、先人たちの研究成果である。18歳のときに学び始め、その後も長い歳月をかけて身につけてきた教育ディベートの方法をはじめとして、哲学・芸術・科学の発見や伝統から私が学んでいることは計り知れない。学問は書物や論文の中に存在するのではなく、生きた人間の日々の実践の中から生まれていく。大学や大学院で学ぶ学問だけでなく、さまざまな分野を横断して研究する学際的な研究者や学者たちの洞察から学ぶことが多い。

学問とかアカデミックなどというと「役に立たないもの」という印象を持つ人が多い。たしかに象牙の塔の中で専門分化された特殊な基礎研究は、それだけを持ってきても私たちの手に余る。しかし本来の学問とは人間の実生活と無関係の抽象論ではない。少なくとも意思決定に関する理論は、現実の意思決定の役に立たないなら無価値と言われても仕方ないだろう。

本書にも登場するナシーム・ニコラス・タレブが、実際の役に立たない「意思決定理論」を揶揄している。アメリカの名門大学で意思決定理論を教える教授が、いざ自分自身の転職を考えるときに「あなた自身の理論を使ったらどうですか」と言われて「冗談じゃない、これは真剣な話なのだ」と言い返したという。つまり彼の教えている理論は実際の真剣な意思決定の役には立たないというのである。

私がアカデミックな理論を学ぶときは必ず実地に応用し、実践的な効果があるのかを確かめている。もちろん現実の世界と学校の教室は違う。教科書の内容を料理のレシピのように使うことはできない。理論とはレシピではなく、物の見方や考え方である。自分自身で噛み砕いて身につけなくてはならない。本書にもいくつかの理論が登場するが、それを右から左へと当てはめようとするのではなく、読者が自分の頭で考え、自分の心に放り込み、自分の身体で実行してみなくてはならない。それによって本物の知恵になり、血や肉になり、使える力になっていくだろう。

最後にプロフェッショナルな次元である。本書で詳述した内容は全て例外なく私自身が自分の本業で利用し、活用し、成果をあげている方法である。エグゼクティブコーチング、経営コンサルティング、マネジメント教育、組織変革などが私の専門分野であり、その体験の一端は第8章を中心に紹介している。

ビジネスの世界でクリエイティブな意思決定はほとんど異端と思えるほど珍しい。代わりに流布しているのは問題解決や問題発見の技法だ。

これも詳しくは本文に譲るが、問題解決と価値創造は別の方法である。本来ビジネスとは価値を創造する営みであり、どんなに問題を解決しても価値の創造に至る保証はない。いつのまにか主客転倒しているのだ。

もし読者の中に今まで読書やトレーニングによって「問題解決手法」「課題解決技術」などを学んできた人たちがいたなら、いったん過去の学習体験を棚上げし、クリエイティブな意思決定を新しいアプローチとして学んだほうがいい。「いかに価値を創造するか」がクリエイティブな意思決定の眼目である。問題解決は必要に応じて価値創造プロセスの中に位置づけなくてはならない。

本書は私自身が個人的に学び、学問的に習得し、職業的に応用してきた知恵の結晶と言える。その中には古今東西の賢人たちが推奨して実践してきた良識も含まれるが、現代のビジネス界における一般常識に真っ向から反する稀有な考え方も含まれている。現代の常識にすっかり染まっている読者の中には自分の過去の体験や見識を否定されるような不快感を覚える人がいたとしても不思議ではない。

その意味で本書は劇薬かもしれない。第1章から順に読み進めるとわかりやすいデザインになっているが、もし気になる章があったら先に拾い読みしても構わない。読み終わったら本棚に置いて、必要な章を自分のタイミングで再読するのもいいだろう。

どんな読み方をしても、もしクリエイティブな意思決定が自分の役に立つと思ったら、ぜひ本書の方法を身につけ、人生やビジネス、キャリアや人間関係を創造するために使ってほしい。

田村 洋一

2021年8月3日
東京都品川区にて

目次

プロローグ

クリエイティブな意思決定

クリエイティブな意思決定とは何か

本書を読み終わる読者は、クリエイティブな意思決定とは何のことか、それがどう可能なのかについて、新しい知識と洞察を獲得することになる。クリエイティブな意思決定は単なる教科書や参考書の理論ではなく、日々の実践である。つまり毎日の仕事や生活に直結する新しい習慣になっていく。間違った意思決定を減らすのではなく、自分にとって大切な成果を創造していくための意思決定が当たり前になっていく。

クリエイティブな意思決定とは、与えられた選択肢から正しく選ぶことではなく、自分が創り出したい成果を創り出すための学習プロセスだ。

これは決して小さなことではない。

私自身の仕事や生活が毎日のクリエイティブな意思決定の連続によって営まれている。

これは一朝一夕に身についたものではなく、10代、20代、30代、40代、そして50代の今になっても研鑽し、実践し、試行錯誤しながら習得しているものだ。

どうやって習得したのか、個人的な体験も共有していきたい。私にとっての学習体験が、きっと読者の皆さんの参考にもなると思うからだ。

ただしクリエイティブな意思決定はただの個人的発見ではない。教育ディベート、デジタル思考、創造プロセス、構造思考、カネヴィンフレームワーク(複合系思考)、反脆弱性、客観主義・倫理的利己主義など、私が学んで実践してきたことは全て先人の発見と発明に基づいている。本書では特にロバート・フリッツ、デイヴ・スノーデン、ナシーム・タレブ、そしてアイン・ランドの思想や洞察をハイライトし、彼らの方法がいかに世間の常識からかけ離れているのか、それらをどうやって学んで活用することができるのか、それによって何が実現できるのかを詳しく紹介していく。

私は過去数十年にわたってこうした賢人たちの肉声に触れ、文章に触れ、着想に触れ、業績に触れてきた。フリッツ、スノーデン、タレブの各氏からは直接教えを受け、アイン・ランドの思想の正当な継承者であるヤロン・ブルック氏とも親交を深めて直接対話してきた。彼らの思考・発想・教授なしに私自身の今の仕事や生活の繁栄はありえない。偉大な教師たちに深く感謝するとともに、その最良の教えをこうしてひとつの書物に束ねて共有できる機会を喜ばしく思っている。

ここで簡単にその内容を紹介しよう。

第2章、ディベート思考の章では、私が過去38年間、学術的な政策論争の実践を通じて学んだ重要な概念と不可欠の方法を紹介する。１９８３年に大学でディベートを始めた私は、議論のスキルを身につけるのに苦労しながら、政策ディベート活動の重要なプロセス全てを習得することができた。調査、分析、戦略的な議論の展開から、激しい試合、そして試合の審査までのプロセスである。政策論争の世界では、複雑な世界で長期的に考えること、特定の政策提案に対して賛否を論じること、現代社会の非常に難しい、不可解な、ときに逆説的なテーマに対して判定を下すことなど、必要なことを全て学ぶことができる。私にとってはもちろんのこと、意思決定を職業とする人にとって基礎的な訓練となるのがディベートである。

第3章で紹介するデジタル思考はロバート・フリッツによる素晴らしい発明だ。ロバートは、私にアーティストやクリエイターとしての考え方や行動を教えてくれた、現役のアーティストでありクリエイターである。ロバートは、アナログ思考ではなく、デジタル的思考を教えてくれる。時間がかかるばかりで不正確なアナログ思考に対して、デジタル思考は速くて正確だ。意思決定におけるデジタルトランスフォーメーションと呼んでもいい。デジタル思考をマスターして使いこなすことがクリエイティブな意思決定を大きく前進させる。

第4章のテーマは緊張構造と創造プロセスである。デジタル思考の背景にあるのはロバート・フリッツの発見した構造力学と創造プロセスであり、クリエイティブな意思決定の根幹だ。どんなものでも根底にある構造が事を決する。根底にある構造が変わると人生のパターンが変わり、弓に矢をつがえるように意思決定ができる。創造プロセスは人類の歴史上で最も成功した達成プロセスであり、問題解決とは性格が違う。このことが本当に理解できると、意思決定が単なる分岐点ではなく、連続的に価値を生み出していく建設的なプロセスとして理解できるようになり、なぜクリエイティブな意思決定が全てのプロフェッショナルにとって大切なのかがわかるようになる。

第5章で取り上げる地図とコンパスは、創造プロセスにおける意思決定を空間的・視覚的に理解する助けになる。道に迷ったときに新しい地図を手に入れ、古い地図を捨てる習慣を身につけると、本書の内容が凍った知識ではなく、血の通ったガイドとして使えるようになるだろう。

第6章で紹介するカネヴィン思考は、複雑系の科学に基づいた意思決定を可能にする。リスクと不確実性をはらむ複雑な世界を読み解き、効果的な意思決定を行うためにカネヴィンフレームワークは極めて有用な道具だ（カネヴィンフレームワークはウェールズ人であるデイヴ・スノーデンの命名した意思決定のフレームワークであり、カネヴィンとはウェールズ語で生息地を意味する）。常に「わからない」状態からスタートし、少しずつ意味を見出していく。秩序のある系（明白系・煩雑系）にいるのか、秩序のない系（複合系・混沌系）にいるのか。それによって意思決定のアプローチも変わる。そして秩序のない系にいることは困難だけでなくチャンスも含んでいる。そのチャンスをどう活かしたらいいかについても考察しよう。

第7章では、反脆弱性という比較的新しい概念を紹介し、それが私たちの意思決定をどう豊かにするかを考える（反脆弱性はナシーム・タレブによる造語）。「脆い」の反対語である「反脆い」は、「堅い」や「しなやか」よりも優れており、不確実な世界を確実に生きるためのキーワードだ。もともとは金融トレーディングの世界で発見された概念が、今ではあらゆるビジネスや人生全般に応用可能な汎用性を持っている。ピンチはチャンスだ、というような一般論や精神論ではなく、目に見えないリスクに囲まれた環境において私たちがいかに合理的かつクリエイティブな意思決定ができるのかを教えてくれる概念である。

第8章では、私自身が本書の内容をどのように日常で実践しているか、その一端を紹介する。私の専門はクリエイティブな意思決定にあり、その応用として組織コンサルティング、エグゼクティブコーチング、マネジメントトレーニングなどの教育活動を行っている。理論のない実践は危うく、実践のない理論は空虚だ。縁あって本書を手にしてくれた読者には、本書のどの部分であっても応用してほしい。また、ビジネスにも人生にも役立ててほしい。クリエイティブな意思決定は私自身のビジネスや人生を大きく変え、驚くほど豊かにし、ときに非常に困難な挑戦さえも愉快なものに変えてくれている。それは今も変わらない。

第9章ではアイン・ランドの哲学である客観主義と、その目玉である倫理的利己主義を紹介し、なぜ哲学がクリエイティブな意思決定のために必要なのかを示したい。なぜ私たちは、他人のため、社会のため、国民国家のため、神のため、あるいはもっと大きなもののために生きるのではなく、常に自分のために生きなければならないのか。なぜ主観的ではなく客観的であることが常に重要なのか。なぜ自由な人は他の自由な人を尊重し、信頼するのか。お金・取引・恋愛・セックスなどの重要性と関係性を知り、なぜ価値が人間の幸福の鍵となるのかを明らかにする。

第10章では、意思決定の主体性《メイク》と受動性《レット》、「やる」ことと「なる」ことの組み合わせとバランスについて考察する。前章まで「自分で決める」ことを暗黙の前提にしていたのに対し、現実の意思決定は自分ひとりで決められず、自分よりも大きな現実によって牽引されているように感じることがある。そこで、いわば運命に委ねるような受動性、あるいは受容性が鍵となる。このパラドクスを理解すると、セレンディピティ（意図せざる幸運）を受け入れるばかりでなく、呼び寄せることすらできる。これを「クリエイティブな意思決定の陰の力」と呼んでもいいかもしれない。しかし宇宙に全てを委ねるのではなく、あくまでも意思決定者としての自分自身の主体性と自由意志が必要なことも理解しておかなくてはならない。

発明や創造を伴うプロセス

読者の皆さんは大切なことを決めるときにどうやって決めているのだろうか。長い時間をかけて正しい決断を下そうと努めているのだろうか。それとも瞬時のひらめきを大切にして決めているのだろうか。誰かに相談して賢い人の助言に従うのだろうか。それともひとりで悩んで考え抜くのだろうか。そもそも大切なこととは何だろうか。

人の意思決定とは、単なる算盤勘定でできることではない。かといって気持ちやひらめきだけで済む話ではない。発達していく人工知能によって置き換えられるものでもない。計算も情熱も直観もコンピュータも大切だが、決してそれでは終わらない。人間の人間らしい知性の発揮によって行われ、しかもそれが発明や創造を伴う面白いプロセスなのだ。

本書で紹介する内容は、それぞれ独立して学べるメソッドであると同時に、世界の見方をアップデートし、行動の仕方をアップグレードするものになっている。

しかし方法を紹介する前に、現代社会に生きる私たちが直面する意思決定のチャレンジについて考えてみたい。そして従来の意思決定方法ではなく、なぜクリエイティブな意思決定が求められているのかについて考えてみよう。

第1章
意思決定のチャレンジ

ずっと心の奥に
どうしても挑戦したいことがあったから
——大江千里

クリエイティブ階級の台頭

21世紀初頭の現代社会ではクリエイティブ階級（creative class）の台頭が論じられている。トロント大学教授のリチャード・フロリダによる研究では、脱工業化した社会や経済の発展はクリエイティブ階級の活動によって牽引されているという。クリエイティブ階級は高度な専門教育を受けた従来型の知識労働者ばかりでなく、創造プロセスに従事する、さまざまな分野の職種・職業の人たちによって形成されている。あらゆる製品やサービスを創り出す役割を担った、多種多様なプロフェッショナルたちである。

本書の読者の多くもクリエイティブ階級の一角をなしているのではないだろうか。あるいはそういう志や価値観を抱いている人のひとりかもしれない。

創造プロセスは歴史の中にずっと存在してきたのに、最近までそれは一部の職能の人たちの専売特許のように見なされてきた。職人、芸術家、デザイナー、クリエイターなどが創造的であるのは当然として、一般の人たちはまるで無関係であるかのように振る舞ってきたのである。

ところが現代社会においてクリエイティブな意思決定は誰もが身につけて実践できる方法である。ただ学び方や使い方がこれまで広く普及していないだけのことだ。

本書はクリエイティブな意思決定に焦点を当て、それが一部の領域に限定された特殊技能ではなく、どんな分野においても有効で、飛躍的に創造性を高めるアプローチであることを明らかにしていく。

貧困問題の今後と創造プロセス

習近平国家主席は中国共産党創設100年の祝賀式典で「小康社会（豊かな中流社会）を全面的に実現し、絶対的貧困の問題を解決した」と述べている。これは政治指導者による勝利宣言であり、額面通りに受け取らない人も多いが、中国の社会が圧倒的に豊かに変容していることは事実だろう。そしてこれは中国社会だけの現象ではない。それどころか、今から100年もすれば地球上の貧困問題は自然消滅に近い形で解消され、飢餓で死亡する人間はごく限られた例外となり、「貧困」とはおしなべて相対的貧困の意味になるとも言われている。もしそうなったなら、その世界での問題は限りなく精神的自由や精神的幸福の領域のものになっていくだろう。実際、現在の世界の食糧問題を解決するために世界中の優れた知性の持ち主たちが協働している。やがて彼らの工夫や努力が結実し、どんなに貧しい人でも「食うに困る」ことはなくなる世界が実現することは想像に難くない。そうなると「食っていけない」「食うのに困る」というのは純粋に比喩的な表現となる。ただ生き延びていくためだけなら働かなくてもいい世界が通常になる。その世界では、世界の人類はふたつの種類に分かれていく。富を創り出す人々と、富を分け与えられる人々とに。

これから100年の間に人類の中の格差が拡大していく。世間では経済格差が拡大し、1パーセントの富裕層と99パーセントの非富裕層の格差が社会的不安定をもたらしていると喧伝されている。

しかし真の課題は、経済格差などにはなく、創造格差にあるのではないのか。富裕層の中にも富を創り出している人たちと富を分捕っている人たちとがいる。後者はやがて淘汰され、クリエイティブ階級と非クリエイティブ階級とに分かれていく。

食糧問題が自然解消された未来の社会においては、「食う」ために富を蓄積する必要はなくなっている。

そこで問われるのは、「自分が創り出したいものを創り出す」力である。ただ単に現実の社会問題を解決することではなく、現実社会で自分が創り出したいものを創り出すためのシステムを構築することだ。

これは決して夢想ではない。

高度な人工知能によって代替されない仕事

現実に、芸術家は「自分が創り出したいものを創り出す」力によって作品を創り出している。アスリートは「自分が創り出したいものを創り出す」力によって記録をつくり、ゲームをつくり、ファンをつくり、世界を創り出している。ビジネス界においても、真にクリエイティブな実業家は、ただ単に経済的な富を創出するだけでなく、文化的・社会的・個人的に「自分が創り出したいものを創り出す」力を発揮している。

逆にそうでない非クリエイティブ階級の人々はいったい何をしているのだろうか。

会社や役所などの勤め先で指示命令された作業に取り組み、真面目に問題を解決しようとしている（あるいはそういうふりをしている）。取引先から注文を受け、一生懸命に注文に応えようとして生産やサービスに勤しんでいる（あるいはそういうふりをしている）。

そういう仕事の多くは機械によって代替されてきた。そして今後は学習能力を持つ電子計算機によって代替されていく。

単純な計算なら機械のほうがずっと速くて正確にできる。人間の意思決定能力はとっくに凌駕されている。複雑な計算でも、高度なアルゴリズムを持つ人工知能によって凌駕されてきた。もはや人間の出る幕ではない。

代替されないのは、人間が自分の心と体で創り出す仕事である。

決断を迫られる日常生活

私たちは好むと好まざるとにかかわらず、毎日いろいろな意思決定をしている。その多くは無意識の決定だ。知らぬ間に決め、知らぬ間に動いている。起きている時間のあらゆる場面で無数の意思決定がなされている。

そして意識的な意思決定にも大きなものから小さなものまでいろいろな種類のものがある。自分の人生を左右するような大きな決定もあれば、組織や社会の行く末を決めるような決定もある。自分ひとりで決められることもあれば、多くの関係者の思惑や希望を配慮しなければ決められないこともある。

かつては「情報不足で決められない」ということが多かった。もちろん今でも情報不足のための困難はある。しかしもっと多いのは「情報過多で決められない」という場面である。あまりにもたくさんの情報に圧倒され、何が決め手かを見抜くのが難しいのである。

びっくりするほど多くの人が、全く合理的とは思えない意思決定をしている。「これまでこうしてきたから」と前例を踏襲する意思決定。「みんなそうしているから」と世間のトレンドや主流に合わせる意思決定。「なんとなくそう思うから」と自分自身の気分や気まぐれに従う意思決定。「上司に指示されたから」と言って自分で考えることをやめ、不祥事や詐欺に加担してしまう意思決定（あるいはその欠如）。

理性的に考えればわかるはずなのに思考の手間を省いたために多くの悲劇が生じている。また、理性的に考えるというのがどういうことなのかを知らないために考えることを放棄し、自分以外の権威に委ねてしまう人たちも少なくない。

従来の意思決定方法の限界

意思決定の方法は昔から研究され、学校で教えられることもある。しかし従来の方法には明らかに限界があり、教室で学んだことを実生活で活かすのが難しい。

従来の方法のほとんどは、与えられた状況に対応しようとするものだ。十分な情報を手に入れ、分析し、もっとも正しい、または確度が高い選択肢を見つけようとする。

しかし実際には何をもって十分な情報と言えるのかわからない。教科書の例題では全ての情報が与えられていて、無駄な情報はない（あるとしても学習のためのひっかけ問題くらいだ）。ところが現実には過剰なほどの情報に囲まれていて、なおかつ十分な情報があるかどうかわからない。

従来の方法、特に学校で教えられる方法のほとんどは、十分な分析をすれば正解が見つかる、あるいは確からしい答えを導けることを前提にしている。これは学校教育の弊害でもある。正解があらかじめ用意されていて、生徒はそれを見つけるために問題を解くのだ。しかし現実世界には正解などない。何も用意されていない。答えは自分たちで創造しなくてはならない。創造した答えが正解かどうかなどわからない。間違うことも多い。間違いから学んで次の意思決定をしなくてはならない。

本書で紹介するクリエイティブな意思決定は、従来の方法と一線を画している。意思決定は状況対応ではない。問題解決でもない。正解が見つからないといって、意思決定を避けることはできない。決定しないことも意思決定のひとつだ。意思決定は大小の決断と行動の連続によって成り立っている。決定によって「何を創り出したいのか」を知り、創り出したい成果のビジョンから見た現実を観察しなくてはならない。

これは言うは易く行うは難し、理屈や精神を理解しても、方法を習得しなくては実行できない。いや、理屈や精神を本当に理解するためには実践して結果を所有しなくてはならない。そして実践するためには従来の方法を忘れることからスタートしなくてはならない。

忘れる必要と学び直す必要

クリエイティブな意思決定は私自身があらゆる仕事の場面で行っているだけでなく、私の専門である人材育成や組織変革の現場で出会う人々に直接間接の方法で伝えている。エグゼクティブコーチングの現場で利用されることもあれば、マネジメントトレーニングの現場で利用されることもある。

たいていの人は特別な訓練を受けなくてもこの新しい意思決定を実行することができる。簡単ではなくとも、目的と自覚があれば学んで実行できるのだ。

しかし学ぶことができないケースがときどきある。それは従来の方法が頭に染みついていて、新しい方法を拒絶する場合だ。

人が何かを学ぶときの最大の障害は何か。それは「もう知っている」という思い込みである。

意思決定とは情報を集めて分析して計算し最善の選択肢を発見することだ、と過去に学んでしまって、それ以外の方法を考えられない人たちがいる。そういう人たちは意思決定について基本的なことを「もう知っている」と思い込んでいる。

もちろん過去に学んだことを何から何まで捨てる必要はない。過去の知識は限定された場面においては非常に有用なのだ。しかし自分の知識が世界の全てだと錯覚してしまうと、その限定された場面以外における新しい方法を学べなくなる。

読者の中には過去に意思決定について勉強したり習得したりした経験を持つ人もいるだろう。その知識や技術が実際に役立った経験や実績を持つ人もいるかもしれない。もしあなたがそうなら、自分の知識や経験をいったん棚上げし、新しい方法を学んだ上で、あとで必要に応じて棚から下ろすことが役に立つ。

これは難しいこともあるが、可能なことだ。

シンガーソングライターの大江千里さんは音楽家として大成功を収めながら、ジャズピアニストに転向したい、という志のもとに活動を停止し、ジャズの学校に入学して学び直したことで知られている。素人からしたらポップスもジャズも同じ音楽じゃないか、と思うかもしれないが、同じ音楽でも作法や約束がまるで違い、戸惑うことも多かったと言う。

私自身は30代後半に合気道を始め、20年近く研鑽を積んだあと、縁あって別の流派に入門した。同じ合気道でもやっていることが違う。言っていることも違う。教え方も違う。体の動きも違う。同じ武術とは思えない。同じ呼び名を使ってはいても、同じ武術ではないのである。

クリエイティブな意思決定を学ぶことによって、従来の方法が無力化されるとは限らない。ただその利用場面が限定され、クリエイティブな意思決定によって新しい地平が開けるだけだ。

学習体験をアップデートするためには、「知っている」と思い込んでいる内容を（少なくとも一時的には）「忘れる」工夫が必要になることがある。

もしこの先の内容を読んでいて「これはもう知っている」「これなら昔どこかで教わったことがある」と思ったなら、本当に知っていることなのかどうかチェックしてみてほしい。そしてできる限り初心で学ぶ工夫をしてほしい。

急がば回れ、というように、自分の既存の知識との差分で情報を効率的にピックアップしようとするよりも、振り出しに戻って一から学び直したほうが早い。

2本指タイピングからタッチタイピングへ

クリエイティブな意思決定を学ぶこととは、単に別の流派の方法を学ぶこととは違う。意思決定の頭脳をアップデートすることだ。

これは2本指でキーボードを打っていた人がタッチタイピング（ブラインドタッチ）を学ぶのと似ている。

左の人差し指と右の人差し指の2本だけを使って相当なスピードと正確さで文字を打てる人がいる。もしその人が2本指タイピングで完全に間に合っているなら、新しいスキルを学ぶ必要がないだろう。

しかしタッチタイピングを学び、キーボードを見ずに10本の指全部を使って文字を打てたら、たいていはスピードも正確さも向上し、手指の疲れは減り、作業効率が高まる。

そこで10本の指の全部を使ってタイプしようと練習し始めると、なかなかうまく打てない。今まで2本指で間に合わせてきたので、10本の指を使うのは面倒くさい。それでまたすぐに昔の癖に逆戻りしてしまう。

新しいスキルを習得するには古いスキルを封印し、居心地の悪いトレーニングに取り組む必要があることが多い。いつまでも古いことをやっていたら新しいことを学ぶ邪魔になるのだ。

一度タッチタイピングを習得してしまったら、あとは習得したスキルに熟達するばかりだ。もう何も考えなくても自然に文字を打っている。目をつぶって文字を打てる。

クリエイティブな意思決定も同じだ。慣れないうちはいちいち立ち止まってギアを入れ直す必要がある。自分が過去に慣れ親しんだ方法に逆戻りしたくなる。しかし2本指で文字を打ちながらタッチタイピングを練習することはできないように、状況対応的な意思決定をしながらクリエイティブな意思決定はできない。

トレーニングを経て学習を完了し、新しいスキルを習得したら、あとは熟達するばかりだ。

本書で紹介する方法を理解できたら、ぜひ実地に試してほしい。今までの方法より時間がかかる、手間がかかる、という場面があったら、簡単に諦めるよりもトレーニングだと思って受け入れ、習得することを勧めたい。

さっそく次章から具体的な方法を紹介していきたい。まずは私自身が最初に意思決定の訓練を受けた競技ディベートである。

エクササイズ

1. あなたはこれまでどんな意思決定をしてきたのだろうか。現在はどんな意思決定をしているのだろうか。これからどんな意思決定をするのだろうか。いくつか書き出してみよう。
2. あなたはクリエイティブな意思決定を何のために役立てたいのだろうか。その目的を書き出してみよう。目的を達成したらどんな変化や成果を生み出しているか想像し、書き留めておこう。

第2章
ディベート思考

反対の立場の意見を自分の意見と同じくらい
論理的に主張できるようにならなければ、
そのテーマについて語る資格はない。
——ロルフ・ドベリ

教育ディベートのエッセンス

本書における意思決定のトレーニングとして筆頭に挙げるのは、アカデミックディベート（教育ディベート）、それもポリシーディベート（政策討論）の方法である。

クリエイティブな意思決定を学ぶために、なぜディベートが必要なのか。ディベートとは「ああ言えばこう言う」という言い争いのテクニックではないのか、という疑問を抱く読者もいるだろう。

最初にはっきりさせておこう。ディベートは論争に勝利するためだけの技術ではない。

それは議論技術の使い道のひとつでしかないのだ。

ディベートの本質は、複雑な意思決定を明快に導くためのプロセスにある。国家政策のような重要な決定を行う際に、何を考えたらいいのか。何を知る必要があるのか。何がわかったら決定できるのか。なぜ決定が難しいのか。ディベートの方法は基本的な問いを提示し、どうやって問いに答えたらいいのかも教えてくれる。

本章では、ディベートを知らない読者にも、ディベートの知識や経験を持つ読者にも、ディベートの方法のエッセンスを共有し、それがいかにクリエイティブな意思決定につながるのかを示したい。

それによって、読者はディベート教育の歴史が蓄積してきたノウハウに触れ、それを現実の意思決定に活かすことができる。

何のための議論か

一般的にディベートは議論のことだと思われている。それはもちろん間違っていない。ギリシア・ローマ時代から伝わるリベラルアーツの三学（トリウィウム）のうちのふたつを占める論理学（弁証法）と修辞学の応用がディベートである。ディベートを学ぶことは、論理的・弁証的に考え、考えたことを効果的に他者に伝える技術を身につけることだ。教育ディベートは考えること、伝えることの学習から成っている。

しかし何のために考え、何のために伝えるのか。

それは合理的意思決定のためである。

意思決定なしに議論に勝った、議論に負けたと言っても、それはただのゲームであり、私たちの現実とあまり関係ない。

議論に勝利することよりもずっと重要なことは、重要なテーマについて深く考え、幅広く調べ、はっきりと結論を出すことだ。

競技の形式を使って、特定のトピックを肯定する側と否定する側に分かれ、その間に立つ判定者としてのジャッジやオーディエンスに向かって議論を展開する。議論が終了したときに判定者は肯定するか否定するかの判定を下す。

このプロセスで、ディベートを行う者は敵対する相手を言い負かすのではなく、中立的な立場で判定する人を説得することが求められる。一方、中立的な判定者は、自分の偏見や先入観を棚上げし、できる限り客観的で公平な判定を下し、その判定の理由を述べることが求められる。

ディベートは長い歴史を持つ合理的意思決定のプロセスなのである。

わからないことを議論する

ディベートは「まだ答えがわからない」ことについて議論する。どんなに調べても、どんなに計算しても、どんなに考えても、「これが正解」という答えがない、あるいはわからないことについてディベートするのだ。

これを英語で debatable《ディベータブル》と言う。「議論の余地がある」というより「議論しがいがある」「議論するに値する」という意味である。

別の言い方をすると、ディベートのトピックには、常にまだ答えの出ていない命題が選ばれる。誰にもわからないことを、皆で調べて考えて議論して決定しようというのだ。

これはディベートにおける当たり前の常識だが、世間の常識とは必ずしも一致しない。

受験勉強して学校に入り、優秀な成績で学校を出た人たちの中には、「物事には正解がある」と思い込んでいる人が驚くほど多い。どこかを探せば、誰かに聞けば、「これが正解」という答えがあると無意識に思い込んでいるのだ。

公共政策の是非についてどんなに議論しても、最終的には実際にやってみなければわからない。いや、やってみてもまだわからず、相当な時《とき》の試練を経てようやく「おそらくあれは正しかった」「あのときのあの決断は間違いだった」と振り返ることができる程度のこともある。

たとえば、「消費税を上げる（下げる）べきか」「安楽死を合法化（違法化）すべきか」「脳死を人の死と認める（認めない）べきか」などのトピックに、正解など存在しない。現実に政策を導入してみないことには真実はわからない。

しかし実行する前に「本当はどうなのか」と真実を追求するのがディベートのプロセスである。

真実はどこにあるのか

真実を抜きにして議論の技術を競っても現実には意味がない。現実を無視して弁論術を磨いても、それは詭弁術にしかならない。白を黒と言いくるめ、ないものをあると言い張り、無法な行いを正当化する。そういうことのためにディベートを使うのは愚の骨頂だ。

本当はどうなのか。調べられることを調べ抜き、考えられることを考え抜き、想像できることを想像し、分析を重ね、議論を戦わせ、肯定にも否定にも与《くみ》しない中立的なジャッジに判定を下してもらう。

そういう教育ディベートの大前提はふたつある。ひとつは「究極の真実は議論だけではわからない」ということであり、もうひとつは「わからない真実を追求して議論する」ということである。

現実の意思決定への応用

これは単なるアカデミックなプロセスではない。

私たちの現実がまさに「本当はどうなのか」がわからないことの連続だ。そして、わからないことを前提にして「本当はどうなのか」を探究するのである。

国の政策だけの話ではなく、個人の私生活やキャリアでも同様だ。たとえば、今の職に行き詰まっていたら、早く転職するのがいいのか。それとも「石の上にも三年」とばかりに苦労を重ねて人生経験を積むのがいいのか。簡単な答えなどない。正解があるとすれば10年後、20年後に振り返って考えるしかなく、振り返ったところで対照実験があるわけではないから、実際の決断が「正しかった」かどうかは証明できない。

しかし決断は下さなくてはならない。決断を下さなくても、それは結果的に意思決定となるからだ。

ディベートの訓練は、国家政策や公共政策の題材によって公的な意思決定の練習を行い、その学習体験によって個人や企業の私的な意思決定に応用することができるのである。

ポリシーディベートの学習体験

少し個人的な話をさせてほしい。私自身の学習体験が、読者のこれからの学習の参考になるかもしれないからである。

私が初めて意思決定の方法を学んだのが教育ディベート活動だ。

私の体験した競技ディベートは、日本の公共政策についてのトピックがあらかじめ発表され、そのトピックについて集中的にリサーチし、チームごとに独自のケースを構築し、肯定側と否定側に分かれて試合をするという、大学間のスポーツ大会のようなものだった。

ディベートはスピーチコミュニケーションの形式だが、同時に合理的意思決定プロセスだ。全ての試合に第三者であるジャッジが立ち会い、肯定側と否定側の両方の言い分に耳を傾けた上で判定を下す。このジャッジの判定が意思決定であり、ディベート競技に参加する全てのディベーターは、公共政策に関する意思決定を第三者に促す論理的な説得を行うのである。

この時点で、世間におけるディベートに関する評判や批判の多くが的外れであることがわかる。ディベートは相手を言い負かしたり言いくるめたりする詭弁術ではない。言葉巧みに相手を騙したり黙らせたりする交渉術でもない。論争相手とは別の、中立的な立場に立つ第三者に対して肯定や否定の意思決定理由を示すトレーニングなのだ。

具体的なイメージを頭に描いてもらうために、いくつか実際のトピックを紹介しよう。たとえば、私が1985年の秋に取り組んだ論題は、「日本政府が間接税からの税収比率を大幅に増大すべきか」というものだった。

当時は一般消費税導入以前。もし大型の間接税を導入し、同時に所得税や法人税などの直接税を減らし、直間比率を大幅に変えたら、いったいどのようなメリットやデメリットが起こりうるか。あらゆる角度から検討を重ねて答えを出そうとする。

1984年の春に取り組んだ論題は、「日本政府が外国の侵略から国民を守るための政策を大幅に強化すべきか」である。

当時はソ連の脅威が論じられていた。もし日本が軍事面の政策を強化したら、どのような効果があるのか。もし強化しなかったらどんな結果があるのか。また、国の政策を決定するにはどのような原則や基準を採用すべきなのか。いや、そもそも安全保障の政策を強化するというのは、具体的に何をどのようにすることなのか。

わかってたまるか

こうした疑問に対する当初の正直な返答は、「わかってたまるか」である。専門家でも議論が真っ二つに割れるようなテーマについて、明快な解答など持っているはずがない。そして、だからこそ、ディベートするのである。答えがわからない難しいトピックだからこそディベートしがいがある（debatable）ということになるのだ。

税制改革にしても軍備増強にしても、究極的には実際にやってみないとわからないことばかり。しかし現実の政策担当者は、やってみないとわからないことを必死でシミュレーションし、民主主義における正当な手続きに則って政策変更を図るのである。

公共政策の領域は複雑だ。予想もしない波及効果がたくさん起こりうる。したがって、ディベートで議論をするためには関連するあらゆる事柄を調べ、考え、イマジネーションを使って予想を立て、政策提言を行うことになる。

どうやったらいいのか、考えてみてほしい。

多くの学生ディベーターは、私自身もそうだったが、たくさんの試行錯誤を経て、その方法を体得している。そして私の場合、教育ディベートの経験は、その後のビジネス経験や戦略コンサルティングにおける活動などにも直接役に立つ貴重な訓練になっている。

本章では、私がかつて長期間にわたって真剣に学び、そして現在は企業や一般社会人、そして小中高生向けにトレーニングを提供している教育ディベートのエッセンスを紹介する。

ディベートの理論と方法を学ぶことは、ディベートについての知識や経験が全くない読者にとって必ず役に立つ。また、何らかの知識や経験を持つ読者は、自分の知っているディベートの知識体系や技術体系がどのようにクリエイティブな意思決定につながりうるのかを再認識することになるだろう。

リサーチと分析

ポリシーディベートは必ずリサーチに始まり、分析と戦略構築が続き、試合につながり、ジャッジの判定で終わる。対象領域について何も調べずに自分の意見や偏見だけで議論することは決してない。

競技ディベートのトピックが発表されたら、まずは一般的なリサーチを行う。その分野について専門家が論じている記事や論文、政府が発表している白書等、一般向けの解説書などを読み、一般的な視野を獲得する。

一般的なリサーチにあまり時間をかけすぎないことが大切である。ディベートは時間の勝負だ。夏休みの宿題の自由研究のようにゆったり時間をかけて勉強する余裕は全くない。極めて短時間で全体像を把握する。細かいことに囚われず、山のてっぺんから周囲を見下ろすような展望を得るのだ。

最初は難しく感じても、慣れれば誰にでもできるようになる。

このフェーズは、新規事業を検討する初期段階で、市場の現在・過去・未来を展望するための調査・分析にも似ている。いきなり斬新な仮説や洞察を得ようとしないのだ。できるだけ曇りのない目で、自分の偏見や先入観を棚上げし、現実に何が起こっているのかを観察する段階である。

次に少し想像力を使って、論題を肯定する政策を考える。たとえば、間接税導入であれば、どのような税率で、どのような範囲で、どのくらいの税収を上げるのか。直接税減税をするなら、歳入はどうなるのか、政策の目的は何か、どんなインパクトを狙うのか、意図せざる波及効果があるとしたら何か、などを考えるかもしれない。安全保障政策を強化するなら、具体的に何を変えるのか、それによって軍備や関連領域にどんな変化をもたらすのか、関連諸国は政策変更をどう受け止めるのか、それによってどんな結果が起こりうるのか、などである。

このフェーズが最も難しく、なおかつ最も面白い段階である。想像力が試され、育まれ、発揮される時間帯になる。時間をかけてアイデアを練る。些細な思いつきに見えたアイデアを育てていく。アイデアが優れているかどうかは着想の段階では判断できないことも多い。

ここで問いの立て方が重要だ。問いの立て方を間違うと間違った方向に進んでしまうことがある。

「このままでは地球は滅びる」「なんとかしなければならない」「私たちはどうしたらいいのか」……こういうタイプの問いから生産的・創造的な提言は生まれにくい。

ではどういう問いを立てたらいいのか。

それを考えるために、ポリシーディベート特有の概念のひとつを紹介する。この概念は、ディベートの議論に必要なだけでなく、もっと幅広く意思決定全般に応用されるべきものだが、ディベート経験者でもそのことを知らない場合が多い。

概念の名前は、「フィアット」と言う。

フィアットとは何か

ある政策を実行すべきかどうかを考えるとき、「その政策が実行されたらどうなるか」を考える。新しい政策を実行すると、これまでとは違う世界が創造されることになる。一方、その政策を実行しないと、これまでの世界の延長が続くことになる。

これを簡単な図で描くと、こうなる。

そこで政策を評価する際には、「その政策が実行される」ということを最初に想定し、それが望ましい結果を生むのかどうかを検討することになる。

ポリシーディベートでは、この想定のことをフィアットと呼んでいる。フィアットはラテン語で専断的な命令を意味する言葉だが、ディベート用語としては特殊な意味を持っている。政策を実行するための根回し・予算確保・人員配置などといった細々としたロジスティックスを議論する前に「実行された」と想定し、その上で「現状の延長」と「実行後の世界」を比較することを可能にするのである。

フィアットの重要性は、一度聞いただけではわからないかもしれない。そこで、なぜフィアットが有効な想定なのか、

【フィアット】

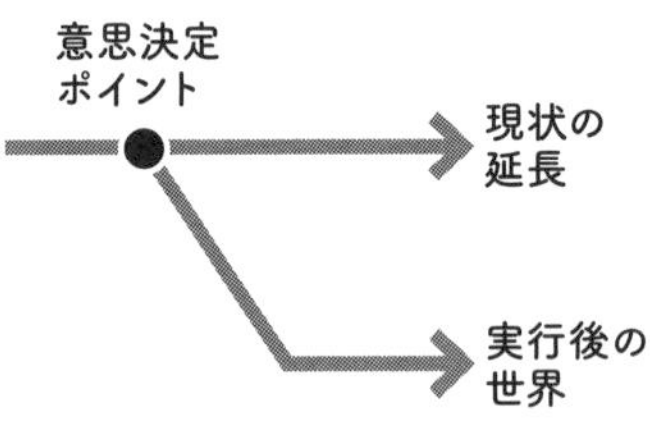

例を挙げて説明する。

たとえば、税制改革の政策提言をしたとする。反対意見として重要な関係者の合意を取りつけられない、法案が国会を通らない、という議論が出たとしたらどうだろうか。それは「政策を実行すべきかどうか」ではなく、「政策を実行するための同意が得られない」という議論である。つまり、政策の是非を論じる前の段階で提言を却下しているのだ。これでは合理的な政策論議が始まらない。

「政策を実行するための同意が得られるかどうか」は、論題の是非を問うディベートにとって無関係であり、不毛な論点なのだ。不毛な論争を回避し、建設的な議論を可能にするために、ポリシーディベートでは最初に「実行後の世界」を想定し（フィアット）、その想定のもとに「実行すべきかどうか」を論じるのである。

これは「実行すべきか」を論じるために必要な論理的前提条件だ。そして、この共通理解によって不毛な議論を排除しているのである。

フィアットひとつで成否を分ける

ここで重要なのは、フィアットがポリシーディベートという競技における特殊ルールではなく、合理的意思決定プロセスにおいて論理的に必要になるということだ。

実生活における具体例を挙げよう。

たとえば、あなたが会社で斬新な企画を提案したとする。ところが上司が保守的な人で、「いいアイデアかもしれないが、皆の賛成が得られないんじゃないかな」と難色を示したとする。上司は「皆の賛成が得られないから企画を実行できないのではないか」と言っている。

ここで「どうやったら皆の賛成が得られるのか」と問題解決に向かってしまったら、その企画自体のメリットやリスクを理解することから遠ざかり、「皆に賛成してもらう」という目先の説得に向かってしまう。つまり、内容の是非を検討する作業から離れ、どうやって伝えたらいいのか、に向かってしまうのである。

あるいは上司がケチな人で、「いい企画だけど予算が厳しい」と言ったとしよう。仮にそれが事実だったとしても、「予算が厳しい」というのは本質的な批判ではなく、単なる目先のハードルにすぎない。もしあなたの企画が高い確率で大きな利益をもたらすものであれば、資金は融通して実行するメリットがあるはずだ。

別の具体例を挙げよう。

あなたが転職しようと思ったときに、「家族の賛同が得られない」というリアルなブロックがあったとする。実は多くの人が「夫の理解が得られない」「妻の理解が得られない」と言って自分のやりたいことを諦めているのが実情だ。

ディベート的に考えると、これは諦めるポイントを間違っているのだ。理解や賛同が得られるかを考える前に、「本当に転職したいのか」「本当に独立したいのか」などのプラン実行のメリット・リスクそのものを検討すべきなのである。そして「本当に転職したい(独立したい・起業したい・退職したい)」という結論が出たら、そのあとで賛同や理解を得るための算段をすべきなのである。

つまり、目先の障害は先に考えるべきことではなく、あとで対処すべきことなのだ。ディベートで言えば論点のすり替えに陥っているのである。

フィアットの概念を理解していれば、こうした誤謬に陥らずに済む。目の前に転がった障害物に注意を奪われて遠くが見えなくなっているとき、次の問いを発してほしい。

「もしこのプランを実行したら、いったいどんな世界を創り出すことになるのか」

それだけで状況対応の意思決定からクリエイティブな意思決定へとギアを入れ替えることになる。目先の障害に惑わされることなく、将来の価値に焦点を当てることができるようになる。フィアットひとつで成否を分けることになるのだ。

諸条件から発想するのではなく、ビジョンから発想する

ポリシーディベートにおけるフィアットを私たちの日常の思考に反映するならこう言ってもいい。今目の前にある条件から発想するのではなく、実現したい成果のビジョンから

発想するのである。

現状の諸条件から発想すれば、どうしても発想は制限され、貧弱になりやすい。

ポリシーディベートでは、政策の変更によって何を実現したいかを考え、そのために現状を分析し、プランを考案する。プランを考案したら、そのプランが何をもたらすかを長期的スパンで構想する。プランが導入されたあとの可能性の世界でプランが効力を発揮するかを考える。

フィアットの一語によって視点を高くし、広い視野で思考せざるをえなくなる。

クリエイティブな意思決定において、目の前の条件が視野を狭くしている可能性に気づいたら、「もしフィアットによってプランが導入されたならどうなるのか」と想像するステップを踏むといい。

プランに効力があるかどうかを検討するのは、その想像をしたあとの議論である。

思考の枠組みが思考を導く

ディベートにおいては、試合ごとに必ず判定が下される。判定を下すジャッジは、自分の理性に基づいて最善と思われる判断を下し、最終的な判定を下す。わからないことをごまかさず、わかったことを明らかにし、政策提案を肯定するか否定するかを決めるのだ。

論理的に思考して決定すると言っても、人それぞれでいろいろな考え方がありうる。

その中で、ディベートの判定を左右する思考の枠組みがいくつかある。ここで代表的な考え方をふたつ紹介しよう。

ひとつは政策を比較するアプローチで、もうひとつは新しい政策を基本的な争点に基づいてクリティカルに検討するアプローチである。

政策比較アプローチ

政策比較アプローチでは、ディベートの試合の中で提示（明示あるいは暗示）された政策の選択肢を比較し、優れた選択肢を選ぶことで判定を下そうとする。

先ほどのフィアットの説明を思い出してほしい。

もし現状で政策を変更しなければ、現状の延長に将来の世界が出現することになる。一方、もし政策を変更すれば、別の将来が出現することになる。

このふたつの世界を総合的に比較し、どちらの世界が望ましいかを判定するのが政策比較アプローチである。

政策比較アプローチは、公共政策だけでなく、個人的なポリシーにそのまま応用可能である。

たとえば、あなたが何らかの理由でこれから菜食主義を採用するべきかどうかと考えてみよう。

現在は肉も魚も卵も乳製品も好きなときに好きなだけ食べている。いろいろなものを食べる楽しみがあるし、豊かな食生活からいろいろな栄養をとっている。

なぜ菜食主義を検討するのか。

肉食よりも菜食のほうが健康に良く、不老長寿につながるというデータを知って、自分自身の健康のために食生活を変えることを考えたのかもしれない。あるいは食肉産業が動物を残酷に飼育・殺戮しているというデータを知って、倫理上の理由から食肉産業を支持する行動をとりたくないと思ったのかもしれない。

しかし今から菜食主義に切り替えることで、実際に自分にとって健康上のメリットが生じるのだろうか。健康上のデメリットは生じないのだろうか。経済的・生活的な利便性はどうだろうか。社会的・文化的な影響はどうだろうか。

また、自分ひとりが菜食主義に切り替えたことによって食肉産業の悪影響は減るのだろうか。もし倫理的な理由が正当だったとしたとき、自分ひとりが食生活を変えることでどんな変化につながるのだろうか。その前に、動物の虐待というのは事実なのだろうか。菜食主義によって世界は良くなるのだろうか。

このように、素朴に考えていくと次から次へとさまざまな疑問が生じることになる。

そのとき、政策比較アプローチであれば、菜食主義を肯定（採用）したときの世界を思い描き、そのメリット・デメリットを考える。並行して、菜食主義を否定（不採用）したときの世界を思い描き、そのメリット・デメリットを考える。

全ての可能性の中で、もし絶対的なデメリットやメリットがあれば、それが決定打になる。たとえば菜食主義あるいは肉食が確実に死をもたらす・悪い世界をつくり出すということが明らかになれば、それだけで意思決定が終わる。

しかし多くの場合には絶対的なメリットやデメリットはなく、相対的・比較的な検討になる。総合的に見て、どちらが望ましいのか、と考えるのである。

基本争点アプローチ

もうひとつの思考の枠組みは、新しい政策を基本的な争点に基づいて検討するアプローチだ。

まず、新しい政策の提案には、何らかの重要な問題提起がある。もし課題が重要でなかったら、その時点で提案を肯定することができない。

次に提起された課題の原因分析が必要だ。本当に新しい政策が必要なのか。原因不明では政策が必要かどうかわからない。必要かどうかわからない政策を肯定することは難しい。

もし課題が重要で、政策が必要だとしたら、続いて見るべきなのは新しい政策に実効性があるのかどうかである。もし解決性があるかどうかわからなかったら、新しい政策を肯定することができない。

最後に、政策に解決性があったとしても、もし新たな弊害を生み出し、弊害のほうが利益を上回っていたとしたら、そんな政策を肯定することはできない。つまり、政策のコストに対して十分に大きなベネフィットがなくては最終的に新しい政策を肯定することができない。

以上が新しい政策を評価する際の基本的な争点である。

これも同じように、公共政策の検討だけでなく、個人的ポリシーの意思決定にそのまま応用することができる。

ここでも、菜食主義を採用するかどうかで考えてみよう。

まず、ポリシーの検討を促すだけの重要性があるのかどうかが最初の争点となる。仮に菜食主義にメリットがあったとしても、自分のポリシーを変更するに値するだけの重要性が認められなければ、検討はここで終了する。それは健康上の課題なのか。倫理上の課題なのか。今後の生活や人生、仕事やキャリアに重大な影響を及ぼすほど重要な課題なのか。

次に内因性、あるいは必要性を検討する。菜食主義は必要なのか。課題が重要だったとしても、ポリシー変更が必要かどうかは別の争点となる。もし別のアプローチで解決できたり、現状の延長線上で解消したりするような問題であったら、検討はここで終わることになる。たとえば現状の食習慣の問題点を洗い出し、有毒なものを食べないようにし、必要な栄養をとるようにし、食事の時間を最適化することによって健康な食生活を実現できるかもしれない。もし菜食主義以外の方法でアプローチできるのなら、わざわざポリシーを変更するまでもない。

続いて、常に重要なのが解決性である。菜食主義によって何を解決するのか。実行可能なのか。もし実行したら期待した効果をあげることができるのか。仮に課題が重要であるとして、現状の延長や別の方法では解決できなかったとしても、新しいポリシーが有効かどうかはまだわかっていない。菜食主義によってどんな変化を起こせるのか。その効果は科学的に実証されているのか。一般的に実証されていたとしても、今の自分自身にとって有益なアプローチなのか。解決性を示すことができなければ検討はここで終わる。

最終的に、メリットとデメリットを評価して、新しいポリシーを採用するのか、採用しないのか、どちらかに軍配が上がることになる。菜食主義が必要で、重要で、効果があったとした場合、その副作用やコストも考慮しなくてはならない。有効なアプローチだったとしても、同時にリスクや不利益があったとしたら、リスクや不利益を引き受けてでもポリシーを変更すべきなのかを考慮しなくてはならない。たとえば菜食主義によって栄養の偏りが生じたり、食費の高騰が生じたり、社会生活に支障をきたしたりするとしたら、「そこまでしても菜食主義に転換する理由はあるのか」と問うことになる。

この判定の枠組みは、新しいビジネスの企画にも全く同じように適用できる。

その企画案によって扱う課題は、組織にとって重要なことなのか。重要でなければそれまでだ。その提案は必要なのか。もっと簡単にできたり、今の取り組みの中に取り入れたりできるなら、新たな企画を通す必要はない。その企画には実効性があるのか。重大な課題を解決する能力に見込みはあるのか。そしてリスクやコストに見合うだけのリターンが期待できるのか。効果があっても、別の弊害を引き起こし、「やらないほうがマシだった」ということにならないか。仮にその新しいビジネス単体で収益が見込めても、既存のビジネスに損害をもたらして利益を帳消しにしてしまうなら実行すべきではない。

一見して成り立っていることを示す責任

基本争点アプローチは、教育ディベートの歴史の中で確立され、長年にわたって共有されたパラダイムである。

パラダイムとは、そのコミュニティにおいて暗黙に、または明白に共有された前提を含む考え方の枠組みを言う。ディベートにおけるパラダイムは、判定を下す際に当然の前提として考えるべきことを含んでいる。

基本争点アプローチでは、

- 重要性

- 内因性（必要性）
- 解決性（実効性）
- 弊害性

を示すことを肯定側の責任としている。トピックを肯定する人は、最初の立論を求められる。最初の立論において、何かが重要であり、必要であり、解決でき、弊害が少ない・弊害を上回る利益が見込める、ということを明示しなくてはならない。

この立証責任は、クリエイティブな意思決定において重要な最初の検討事項を網羅することになる。

新しい企画や提案を目にしたとき、チェックしてみてほしい。重要で、必要で、解決でき、弊害が少ないかどうか、チェックしてみるのである。

多くの議論が「正論」と言われる。正論とは、筋道の通った正しい議論のことだ。しかし正論は嫌われることが多く、現実には採用されないことが多い。その理由のひとつは、どんなに正しくてもそれが一面的であったり部分的にすぎなかったりすることだ。

確かにそれは重要なことかもしれない。しかし必要なことなのか。確かに必要なことかもしれない。しかし解決することができるのか。確かにそれは利益のある提案かもしれない。しかし弊害やリスクを十分に考慮した提案なのか。

「一見成立している」かどうかのチェックポイントは、裏返せば立論のガイドラインともなる。

あなたが何かを企画しようとしたり、誰かに提案しようとしたりするならば、基本争点をチェックポイントにして議論を構築するといい。それが最初のとっかかりになる。

そしてもし反対に出会ったら、何が疑われているのかを見極めるために基本争点を使うこともできる。重要性なのか、必要性なのか、解決性なのか、弊害性なのか、である。

パラダイムは意思決定を左右する

基本争点アプローチのパラダイムは、以上のように新しい政策変更提案に対して厳しい検討の目を向けることになる。裏返せば、強い提案を構築する際のガイドラインとして活用することができる。

それに対して、政策比較アプローチのパラダイムは異なる。新しい提案を厳しく精査するよりも、現状の政策との比較において意思決定を下そうとするのだ。

この違いを理解しておくことは極めて重要だ。もう少し説明しよう。

基本争点アプローチでは、良くも悪くも現状が継続していることを大前提にしている。何もしなくても生活は続いていくし、人生は展開していくし、ビジネスは持続するし、国家は存続している。

続いていく現状に対して新たな変化や変革が提案されてくる。これまでの政策を転換したり、新しい法律をつくったり、古い法律を変えたりする。今まで肉食だった人が肉食をやめて菜食にすべきだとか、今まで企業相手のビジネスしかやっていなかった会社に消費者個人相手のビジネスをやるべきだと言ったりする。

すると、現状の継続という大前提に対して新しいリスクをもたらすかもしれない提案に対して健全な警戒心を抱いて検討しようとすることになるのは当然だ。

したがって、意思決定において基本争点アプローチを採用すれば、全体的にはどちらかというと用心深い、保守的な決定になる傾向が出るだろう。

答えがわからないときはどうするのか

一方、政策比較アプローチでは、必ずしも現状を前提とはしない。むしろ現状の制度や政策があまり良くないからこそ新しい政策が求められていると考える場合すらある。

コミュニケーション学の研究者で、アメリカの大学でディベートを指導していた鈴木健さんと話していたとき、アメリカのディベートコミュニティでは「推定が肯定にある」と言うのを聞いたことがある。

推定が肯定とはどういうことなのか。簡単に説明すると、議論が互角で、肯定するべきか否定するべきかわからないとき、アメリカのディベート大会でジャッジをする人たちは肯定側を推定するというのである。

普通の言葉で言うと、「やったほうがいいか、やらないほうがいいか、わからないなら、やるほうに投票する」ということだ。

これは先ほど紹介した基本争点アプローチでは逆になる。「やったほうがいいか、やらないほうがいいか、わからないなら、やるな」となる。

鈴木さんは、アメリカから日本に帰国してディベートの判定を求められ、彼我《ひが》の差に驚愕したということだった。

政策比較アプローチにおいて必ず「推定が肯定」（つまり、わからないなら、やるべき）になるとは限らない。しかし、基本争点アプローチと比べたら、その傾向の違いは明らかだ。

基本争点アプローチでは、重要性・必要性・解決性に無視できない疑いがあれば、その時点で提案を否定することになる。積極的に否定すべき理由が提示されていなくても、疑いによって判定が決まる。刑事裁判における「疑わしきは罰せず」という大原則を知っていたら思い出してほしい。被告人に罪の疑いがあったとしても、十分に立証されなければ刑罰を与えない。政策提案の場合、現行制度ではうまくいかないという疑いがあったとしても、政策を変更しなくてはならないという十分な立証がなければ新たな提案は否定される。つまり推定が否定にあるのだ。保守的な傾向が出るのは当然である。

一方、政策比較アプローチでは、疑わしくても実行の決定をするかもしれない。なぜなら、現状の制度や政策がそれほど優れたものだという前提を置いていないからだ。平等に比較して、肉食よりも菜食のほうが少しでもいいと思えば、それまで何十年と肉食で生きてきていたとしても、あっさりと新しい食生活のポリシーに切り替える。何十年も続いてきたポリシーが、ただ単に長く続いてきたからといって優れているという根拠にはならない、と考えるのだ。それまで何百年も続いてきた会社の伝統であっても、21世紀のビジネスにおいて新しい戦略のほうが少しでも優れていると思えば、あっさり変更したほうがいい、というのが政策比較アプローチに見られる傾向である。

ここで疑問を持つかもしれない。保守的なアプローチと革新的なアプローチの、どちらがいいのか。ディベートにおいて長い慣習を支配してきた基本争点パラダイムと、現在の教育ディベートコミュニティを支配している政策比較パラダイムと、いったいどちらを採用すべきなのか。古い枠組みと新しい枠組みのどちらが優れているのか。一長一短なのか。時《とき》と場合によって使い分けていいのか。いや、使い分けるべきなのか。

パラダイムは選択できる

ここで教育ディベートならではの必殺技を紹介しよう。

パラダイムは変更することができるのである。

通常の社会においては、パラダイムとは暗黙の合意事項であって、自覚的に選択しておらず、変更は困難だ。

しかしディベートにおいては、枠組みの前提まで遡って、意思決定のアプローチそのもの、つまりパラダイムを変更することも可能なのだ。

特定のトピックについて議論するとき、現状を前提にして用心深く新しい提案を精査すべきなのか、それとも現行制度を尊重せずに新しい政策の可能性に賭けてリスクを引き受けるべきなのか、それ自体が議論の俎上に載りうるのである。

本書のあとの章で取り上げるように、意思決定の状況によっては、「やったほうがいいか、やらないほうがいいか、わからない」ときには計算されたリスクをとって実験・実行したほうがいいこともある。また、別の状況においては、やらずに様子を見て、伝統を守ったほうがいいこともある。

企業の意思決定なら、会社の伝統を最も大切にして優れた遺産を継承するために時代の変化に対処すべきなのか、それとも、過去を振り返るよりも新たなイノベーションを生み出すために失敗や損失を怖れないことが大事なのか、これは個別の意思決定の前に検討しておくべき想定である。

個人の意思決定であれば、自分自身を振り返り、自分の意思決定の特徴を把握することも役に立つ。状況が変化を求めているのに保守的になる傾向がある人もいれば、安定や安全が大切な状況において冒険や革新を求めて無鉄砲な行動をとる傾向を持つ人もいる。

パラダイムを自覚すること

会社にしても個人にしても、ふだん完全に無意識の領域に埋もれているパラダイムを掘り起こし、自分の意思決定アプローチが状況の要請に合致しているのかどうかを検証する必要がある。

その際、いきなり会社の文化を変える必要はない。無闇に自分の性格を変えようとする必要もない。ただ素朴に「どんな傾向があるのか」「その傾向の裏にはどんな前提があるのか」と自問し、隠れたパラダイムを浮き彫りにするだけでいい。

パラダイムが浮き彫りにされ、客観視できるようになれば、次のステップは近い。その保守的な（あるいは革新的な）アプローチは、自分たちが決めようとしているテーマの状況に合っているのか。もし合致していなかったら、アプローチを修正することはできるのか。

簡単な答えはない。

しかし基本争点パラダイムがふさわしいのか、政策比較パラダイムがふさわしいのか、もしわからなければ、両方の枠組みで議論して検討してみることができる。

長く大きく考える

ディベート思考は、実際に何かを導入する前に、さまざまな角度から長期的・戦略的なシミュレーションをして物事を決定するときに向いている。

多くの物事はやってみなければわからない。しかし何もわからずにやるわけにいかない。わからないからといって何もしないわけにもいかない。

できること、すべきことは、議論によるイマジネーションとシミュレーション、想像して予行演習してみることなのだ。

ここまで理解できたら、手軽にディベート思考を実践に移す方法がある。ディベート経験のない数名のチームでもできるし、会社の会議などでも実行できる演習である。

悪魔の代弁人というコンセプト

演習の名前は「悪魔の代弁人」と言う。

悪魔の代弁人とは、シミュレーションのためにあえて批判や反論を加える、ディベートの応用方法である。

英語では"Let me play devil's advocate"のように日常的に使われる表現でもある。日本語で言うなら、「議論のためにあえて反対意見を言わせてもらう」とでもなるだろうか。

自分の個人的な意見や心情はさておいて、
「こういう反論が考えられる」
「こんな批判があるかもしれない」
といって議論を提示するのだ。反論や議論の提示によってディベートが可能になり、真実や有効性を検討するプロセスが始まる。

これは世界のどこで実行しても効果を持ちうるが、「和をもって貴しとなす」で知られる調和文化の日本においては特別な効果がある。

議論を忌み嫌う日本文化

なぜ議論が忌み嫌われるのか。その第一の理由は「議論が和を乱す」という誤解である。

誰かが何かを言ったとき、それに反論すると、まるでその人を罵ったかのように誤解される。だから信頼関係が盤石でなければ大人は反論しない。反論するときは喧嘩を覚悟で反論する。

ディベートにおける議論は違う。議論と人格は別物なのだ。誰かの議論を否定したからといって、その人の人格を否定することにはならない。それどころか、お互いの人格を完全に尊重し合っているからこそ、歯に衣着せぬ言い合いが平和にできるのである。

日本においても健全な議論や対話の文化は存在している。「和をもって貴しとなす」の起源である十七条憲法《じゅうしちじょうけんぽう》においても、お互いを尊重することを前提として、大いに議論することの大切さが謳われている。

日本文化にディベートが合わない、日本人は議論を嫌う、というのは愚かな思い込みにすぎない。議論を回避するのは、それが調和を乱す、他人のメンツをつぶす、という心配によるものだ。

議論を人格から切り離す

聖徳太子が作ったという十七条憲法の第一条には、

和《やわらか》なるを以《もち》て貴《とうと》しとし、忤《さから》ふること無《な》きを宗《むね》とせよ。人皆党《ひとみなたむら》あれど、亦達《またさと》る者少《ひとすくな》し。是《ここ》を以て、或《あるい》は君父《きみかぞ》に順《したが》はず、乍隣里《またさととなり》に違《たが》ふ。然《しか》れども、上和《かみやわら》ぎ下睦《しもむつ》びて、事《こと》を論《あげつら》ふに諧《かな》ふときは、事理《こと》自《おの》づからに通《かよ》ひ、何事《なにごと》か成《な》らざらむ。

（『日本大百科全書』小学館）

和を尊重し、争わないことを宗旨とせよ。人は皆、党派を作るし、物事の熟達者は常に少ない。そのため君主や父親に従わなかったり、近隣と考えが相違したりもする。しかし、上の者も和やかに、下の者も睦まじく、物事を議論して内容を整えていけば、自然と物事の道理に適うようになるし、何事も成し遂げられるようになる。

（「十七条憲法」フリー百科事典『ウィキペディア』参照）

とある。他人と争うのではなく、物事を議論しろというのだ。決して議論を嫌うのではなく、無用な諍《いさか》いを避けよというのである。

一方、ディベートの伝統は古代ギリシアの昔から西洋に伝わる人格と議論の分離である。

客観的に物事を直視して事の正否を論じるには、「誰が言ったか」ではなく「何を言ったか」にフォーカスしなくてはならない。

残念ながら欧米の政治シーンでは失われていることも多く、アメリカの大統領選などでは対立候補への人格攻撃が日常化してしまっている。しかし、だからこそディベートの大前提に戻り、議論を人格から切り離す必要がある。

悪魔の代弁人の演習では、人格と議論の分離を簡単にゲーム化することができる。

悪魔の代弁人ゲームのやり方

演習の進め方を説明しよう。

まず、提案者のチームとオーディエンスを決める。

オーディエンスの中から悪魔の代弁人を数名選抜する。

悪魔の代弁人の役割は、提案を徹底的に批判し、攻撃すること。

提案者のチームからはプレゼンターを選抜し、3分程度の時間を計測して、提案のプレゼンテーションを行う。

悪魔の代弁人は黙って提案に耳を傾け、プレゼンテーション中に口をはさまない。

提案が終わったら、プレゼンターはメモを手にして背を向ける。批判者や反論者の顔を見ないことがポイントだ。

プレゼンターが背を向けたら、悪魔の代弁人は遠慮会釈なく批判を始める。重要性、必要性、解決性、弊害性。不明点、疑問、積極的反論。

プレゼンターは自分の背中の後ろで交わされている批判に耳を傾け、必要なメモをとる。

これも3分程度の時間を計測し、終了したらプレゼンターは批判者たちに礼を言って終わる。メモした批判や反論はチームに持ち帰って検討する。

基本的にはこれだけだ。

つまり提案者のチームは悪魔の代弁人である批判者のチームから即興でダメ出しをしてもらう。悪魔の代弁人はあくまでもゲームにおける役割を果たすだけ。提案の中身を批判するだけで、人格攻撃は一切ない。まかり間違って人格への言及があったとしても、それは無視される。

必要に応じてこのラウンドを二度、三度と繰り返すこともある。

私が多くの企業の現場などで悪魔の代弁人の演習を導入したときは、ほとんど例外なく大いに議論が盛り上がり、そして的外れな反論が含まれていたとしても問題にならず、建設的で生産的な話し合いにつながっていく。

悪魔の代弁人ゲームは心理的に安全でもある。誰も他人を攻撃しない。批判するのは議論の検証と提案の精査だけが目的だ。したがって余計な気を遣うことも少ない。それぞれの持ち前の頭脳をふんだんに使うことができる。怖れや遠慮をなくしたとき、ふだん無意識にかけているブレーキが外れ、思い切り創造的に考えることができる。

そう、悪魔の代弁人演習は、創造的破壊のプロセスでもある。

ディベートの批判精神を発揮し、誤った議論や駄目な提案をつぶすだけでなく、重要な目的のためのアイデア創造に向かうのだ。

ひとりディベートの勧め

最後に紹介するのは、ディベート経験者やディベートの方法をある程度理解した人に勧めるひとりディベートである。

本章で紹介したように、教育ディベートの試合プロセスには3つの役割が必要となる。論題を肯定する側、否定する側、そして中立の立場で判定するジャッジだ。

この三者の役割が単純明快であって初めて健全なディベートが成立する。言い換えると、ディベート思考は、思考を切り離すことによって成立するのだ。

何かを肯定するときは首尾一貫して徹底的に肯定する。

何かを否定するときは首尾一貫して徹底的に否定する。

何かを判断するときは中立的な立場に立って客観的に判断する。

この3つの役割を分割することによって、我々は自分の思考力を最大限に発揮することが容易にできるようになる。

何かを肯定しながら同時に否定したり、否定しながらときどき肯定したり、判断したいのにどちらかの立場に肩入れしたりしてしまうのが人間の不完全な思考の特徴だ。

ディベートにおいてはこの三者を完全に分割することによって思考を深くし、検討を幅広くし、判断をはっきりして、決定を速く行うことが可能になる。

そこまでできれば、ひとりディベートをすることもある程度可能になる。つまり、ひとり三役をこなすのである。

決めたいことをテーマとして定義し、肯定側・否定側・ジャッジの三者の役割を次々に自分ひとりで演じるのである。

ひとりディベートのやり方

簡単なやり方を紹介しよう。紙と筆記用具が必要になる。

まず肯定側の議論を書き下ろす。誰かに聞いてもらってメモをとってもらうのもいいし、誰もいなかったら録音して自分で記録を残してもいい。

次に否定側の議論を書き下ろす。肯定側への突っ込みでもいいし、否定側独自の反論・立論でもいい。

これを何度か繰り返す。試合形式にして時間を区切って行うのもいい。どんなにたくさん思うところがあっても、3分なら3分で言い切り、それを相互に反復し、最終的な記録を見て、最後に自分がジャッジするのである。

将棋の羽生名人が子供の頃、あまりに将棋が強くてまともに対戦できる家族がおらず、練習相手になる家族は形勢不利になったらいつでも将棋盤をひっくり返すことができるというルールで将棋を指していたという。

ディベートは将棋と違い、試合終了後に誰かが議論を評価して意思決定しなくてはならない。

ディベートにおける意思決定をするためには、肯定だけでは足りない。否定だけでも足りない。複数の角度から検証し、それを肯定でも否定でもない中立の立場で判断するジャッジが必要だ。

ひとりディベートは自分の頭脳を分割して異なるアングルから100パーセント発揮できるようにするゲームである。

ディベート体験の勧め

本章では、私が初めて意思決定のトレーニングを行った教育ディベートの考え方とメソッドを紹介した。これはクリティカルな判断を重ねるために必須の方法だと思っている。

もちろんディベートはスピーチコミュニケーションであり、人前で堂々と議論を発表するスキルを必要とする活動だ。読者の皆さんはディベートをマスターする必要はない。その考え方を知り、クリエイティブな意思決定に活用するだけでいい。

ただ、もしディベートそのものに興味を持ったら、ぜひ体験してみることをお勧めする。見ると聞くとでは大違い、聞くとやるとでは大違いなのだ。

次章では、現在の私にとって最も身近で最も切れ味の鋭い方法、デジタル思考を紹介したい。これは教育ディベートよりもずっとシンプルに見えるが、場合によっては最も汎用性の高い、使い勝手のいいツールである。

エクササイズ

1. ディベート思考によって何が可能になるのか考えてみよう。
2. 身近なトピックについてディベートしてみよう。あえて自分の気持ちとは反対の立場で考えてみよう。

第3章 デジタル思考

頭が悪いんじゃないんだよ。
頭の使い方が違うんだよ。

――ロバート・フリッツ

作曲家ロバート・フリッツの発明

デジタル思考のメソッドはロバート・フリッツの発明である。ロバートは私の師匠で、もともと音楽家・作曲家であり、アーティストであり、クリエイターである人物だが、経営コンサルタント・教育家として世界的に知られている。

私は1992年にアメリカに住んでいた頃、バージニア州アレクサンドリアの書店でロバート・フリッツの著書『Creating』（未邦訳）を発見した。それがその後の私のキャリアと人生を決定的に左右する構造力学との出会いだったのだ。

そして10年後、飛行機とクルマを乗り継いで私はバーモント州のロバート・フリッツの自宅に赴いた。構造思考の基礎（Fundamentals of Structural Thinking）を学ぶためだ。ロバートとその妻ロザリンド・フリッツと直接出会ったのはそのときである。

構造思考のトレーニングの中でロバートが「最近発明したツールを紹介しよう」と言って教えてくれたのがデジタル意思決定である。

デジタル意思決定のあまりの速さ

私はその頃、やっていた仕事にけりをつけて別の仕事に取り組むかどうかについて迷っていた。古い仕事にも新しい仕事にも魅力がある。どちらの仕事にも困難がある。そのまま続けることもできたし、方向を変えることもできた。

ロバートは私の話を聞くと、ホワイトボードに次々と文字と記号を書いていく。私は聞かれるがままにロバートの質問に答えていく。私が答えるとロバートはホワイトボードに記録していく。

そしてロバートが言う。

「新しい仕事をやりなさい」

私は狐につままれたような気分でロバートの声を聞いていた。あまりのスピードである。あれこれ考えていたことが、目の前で解析され、あっという間に結論が出たのだ。

そのときは知らなかったが、これは私のケースだけでなく、デジタル思考を用いた意思決定プロセスの最大の特徴のひとつだった。意思決定者が複雑で難解だと思い込んでいる状況であっても、ロバートはデジタル思考を使ってたちまち解読してしまうのである。

ただ、そのときの私はあっけにとられてしまい、せっかくロバートが教えてくれた新しいツールを習得することなく終わってしまったのだ。つまり、デジタル意思決定は私にとって謎のブラックボックスであり、ロバートの手品のような技術だったのである。

しかし、その16年後、私はロバート・フリッツ夫妻の初来日を手伝い、ロバートに日本で教えてもらうことになった。

決められないのは頭が悪いのか

それは長野県で開催された日本初の構造思考トレーニングのワークショップの最中だった。ロバートがデジタル意思決定を紹介し、ワークショップの参加者の意思決定を皆の前でガイドしたときのことである。その参加者は自分の家を売るべきか、待つべきか、数カ月もの間ずっと決めることができず、皆の前でその話をしたのだ。

ロバートは事もなげにフリップチャートに彼の話を書き留め、いくつか質問して、あっという間に結論を出してしまった。

その男性はショックを受けていた。

「何カ月もいったい何を考えていたんだろう。僕は頭が悪いんじゃないか」

それを聞いたロバートは言う。

「頭が悪いんじゃないんだよ。君はアナログに考えていただけなんだ」

ロバートは続ける。

「家を売りたい。売ろうかな。そう思ってあれこれ考える。すると、いや、今は売り時じゃない、売らないほうがいい。そう思ってあれこれ考える。あっちへ行ったり、こっちへ行ったりして考えている。それはアナログ思考なんだ。アナログ思考していたらいつまでも結論が出ないことがある。しかしデジタルに考えて、何を決めたらいいのかがわかれば、こうして早く決めることができる」

デジタル思考を発明したロバートに言わせると、これはただ単に考え方を変えるだけなのであって、頭の良し悪しは関係ない。考え方が違うから思考の明晰さもスピードも変わるのだという。

身の上話の大半はノイズ

もうひとつ、ロバートのやっていたことで印象的だったことがある。意思決定プロセスの中で、ロバートはほとんど相手の詳しい話を聞かないのだ。

誰かの相談に乗ると、その人はほとんど例外なくこれまでの経緯だとか、置かれている状況などの背景情報を語り始める。なぜ意思決定が難しいのか、過去にどんないきさつがあったのか、関係者にどんな人がいるのか、自分の気持ちはどうなのか、これまでどんなことを考えたのか、など、聞いていけばキリがないほど詳しい話をする人たちが多い。

ロバートは、相手が身の上話を始めそうになると、「ちょっと待って。それはあとでいいから」と言って話をさえぎり、自分が必要な情報だけを聞き出す。必要な情報とは、デジタル処理される情報である。

それまで長年クライアント相手のコーチングをやっていた私にとって、これは衝撃的だった。相手が聞いてほしかったら聞いてあげようとする。それが基本だと思い込んでいたからだ。

もちろん、コーチングやコンサルティングの目的はただ単に決定を下すだけではない。世間話をすることもあれば、相手の気持ちを理解しようとすることもある。アナログモードで会話することが必ず無駄であるわけではない。

しかしデジタル意思決定において身の上話の大半はノイズなのだ。必要なことだけを十分に聞き、正確に判断する。その方法を本書で紹介しよう。

デジタル思考の基本 —— 2と3の法則

デジタル思考の基本は2と3である。

ロバートが言うには、ベートーベンの交響曲のように複雑で壮大な音楽作品も、全て2

と3で出来上がっているという。つまり、音が鳴っているか・鳴っていないか、音が大きくなっているか・変わらないか・小さくなっているか、である。

2と3で全てが成り立っている。

デジタル思考においては、音楽と同じように、意思決定に必要な全ての要素を2と3で捉えるのである。

2は、あるか・ないか。

3は、増えるか・変わらないか・減るか。

たとえば、家を買う・買わないの意思決定で考えてみよう。最初のステップは、意思決定を2で定義することだ。家を買うか、買わないか、である。

次のステップで意思決定に必要な全ての要素を挙げてもらい、2か3で定義する。

【デジタル思考の基本】

2	♩	𝄽	
3	＜	—	＞

価格→2　納得行く価格か・そうでないか

場所→2　望ましい場所か・そうでないか

外観→2　望ましい外観か・そうでないか

家族→3　喜ぶ・無関心・嫌がる

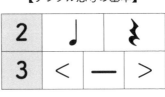

デジタルに判断すること

ここでアナログな曖昧さを許さず、2と3だけで判断することが決定的に重要だ。

「価格は安ければ安いほうがいい。いい家だったら多少の無理はするけど、できるだけ倹約したい」

「場所は駅から近いほうがいいけど、価格との兼ね合いで多少は遠くてもいい」

「外観は大事だけど、まあ、個人的な好みはいろいろあって、一概には言えない」

「家族の意見が大切だ。でも決めるのは私だ。いや、でも反対されるのは困る」

などのようにアナログに考えていたら先に進まない。

本当に意思決定が必要なのかを確かめる

次のステップはシンプルながら重要である。本当に意思決定が必要なのかどうかを確かめるのだ。

もし価格がOKで、立地がOKで、外観がOKで、家族がOKなら、家を買うのか。

もし価格がNGで、立地がNGで、外観がNGで、家族がNGだったら、家を買うのか。

全ての条件がOKだったら答えはイエスのはずであり、全ての条件がNGだったら答えはノーのはずである。

ところが実に多くの人がこの時点で予想外の回答をするのを見てきた。

全ての条件がＮＧであっても、それでも独立起業する。

全ての条件がＮＧであっても、それでも新しいビジネスをする。

全ての条件がＯＫであっても、それでも家は売らない。

もしそういう答えが出てきたら、デジタル意思決定はこの時点で終了だ。もう答えが出ている。これ以上検証も検討も不要である。

価値をチェックする

もし意思決定が必要だということが明らかになったら、ここから価値を明らかにする作業に移る。

クリエイティブな意思決定において、価値は最大のキーワードのひとつだ。

価値はお金に換算されることもあるが、全く換算されないこともある。経済価値は価値の種類のひとつにすぎない。

デジタル意思決定における価値とは、自分にとって大切なことの総称である。

たとえば、次のように価値を見定める。

価格がＯＫで、家族がＮＧだったら、家を買うのか。

価格がNGで、家族がOKだったら、家を買うのか。

価格がOKで、立地がOKで、外観がOKで、家族がNGだったら、家を買うのか。

ここでやっているのは、価値の階層の定義である。

価値の階層を定義する

私たちはなぜ大事なことを決められないのか。

ひとつは、アナログで考えているために自分が何を決めなければならないのかがぼんやりと曖昧なままになっているからだ。

もうひとつの理由は、自分にとって何がより重要で、何がより重要でないかが明確に把握できていないためである。

デジタル意思決定のプロセスで価値をチェックしているのは、どの価値が自分にとって上位であり、どの価値が下位であるかを見定めているのだ。

価値の階層が定義できれば、意思決定はシンプルになる。

たとえば、家族・価格・立地の関係が序列化されたら、それだけで考えるべきことが単純に整理され、あとは何がわかったら決定できるのかが明快になる。


【価値の階層の例】

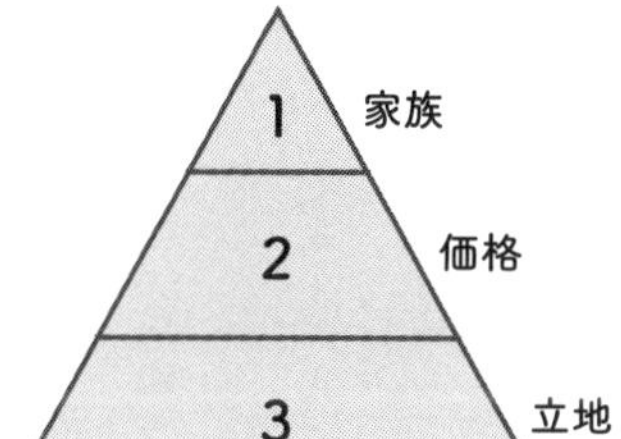

これは個別の意思決定においてもそうだし、仕事や生活のポリシーにおいても同じことが当てはまる。

日頃から価値観を明確に持つ

私自身の経験でよく思い出すのが、戦略コンサルティングファームに勤務して2年目の夏のことである。

当時の私は戦略コンサルティングの仕事に熱中していた。仕事を経験すれば経験するほど自分の実力が向上し、実績があがり、事務所の内外からの評価につながり、好循環になることを実感していた。

一方で、当時の私にはふたりの小さな息子たちがいて、子供たちを育て、一緒に時間を過ごすことがとても大切だった。

戦略コンサルティングの仕事は時間的にも精神的にも非常に過酷で、家族とゆっくり過ごせる毎日が続くことは少ない。朝早くから働き始め、夜遅くまで仕事をして、週末の休日さえもプロジェクトワークをしていることが多かった。

当時の私は、「これは期限付きのキャリア構築だ」と割り切っていた。つまり、いつまでも事務所のワークスタイルを続けるつもりはない。もっと自分のペースで仕事ができる環境をデザインする必要がある。しかしその当時の私にとっては、学習して成長するために理想的な仕事場だったのである。

そして、ある夏の日、事務所の経営者《パートナー》に「今顧客から依頼が来た仕事のリーダーをやってくれたらとても助かる。でも田村さん、夏休みの予定を変更するつもりはないよね」と聞かれた。

私は「そうですね。ありません」と即答した。事務所の夏休みは各自で申告してスケジュールしており、私は家族と旅行に行く計画が決まっていたのだ。

ここで意思決定に時間をかける必要はなかった。すでに結論が出ていたからである。新しいプロジェクトのマネジャーを引き受けたら事務所の利益・クライアントの利益・経営者《パートナー》の利益・自分自身の利益になることは明白だった。しかしそのために家族との約束を破るつもりは毛頭なかったのだ。

人生における意思決定が常にこれほど明快で迅速であるとは限らない。しかし日頃から自分の価値観を明快にしておき、事実をありのままに見る習慣があれば、大事なことでも瞬時で決められることが増えてくるだろう。

創造モードの意思決定

デジタル意思決定のもうひとつの特徴は、常に創造モードの意思決定であることだ。

ロバート・フリッツは、私たちの生き方のモードを3種類に分けて描写する。反応・対処・創造の3つだ。

反応とは、与えられた状況や出来事に対して反射的に動くことだ。人が来たから会う。仕事が来たからする。バスが来たから乗る。雨が降ってきたから傘をさす。私たちは目の前に出現した状況や出来事に反応して何かを行うことが多い。

反応が瞬時に反射する動きであるのに対して、対処は思考や分析を伴うモードである。人が来て、会うべき人であるか、今会うのがいいのか、考えて、会うか会わないかを決める。仕事が来て、すべき仕事なのか、今すべきなのか、考えて、するかしないかを決める。

反応
対処 VS **創造**

一般世間では、反応ではなく対処することが優れた意思決定だと思われている。反応は条件反射のようなもので、些細な物事や日常のルーティンなら構わないが、無自覚で無思考の意思決定である。それに対して、多くの複雑な問題や難しい課題に直面したときは、頭を使って状況対応し、問題解決すべきだというのである。

世間の多くの人たちは、反応するか対処するか、このふたつに終始している。

ロバート・フリッツが勧めるのは、もちろん創造モードの生き方である。

どんな状況が目の前に現れても、「さあ、どうしようか」ではなく、「自分は何を創り出したいのか」と自問自答する。「どう決めるのが正しいのか」ではなく、「どんな結果を望むのか」と自問自答する。

創造モードの生きる姿勢は、反応や対処とは全く違う。

反応や対処は、状況に力を与えている。自分のいる状況が、ああしろ、こうしろ、と命じてくる。反応や対処の意思決定をする人たちは、状況が提示してきた選択肢から行動を選んでいるだけだ。反応は無自覚・情緒的に選び、対処は頭脳的・自覚的に選んでいるという違いがあるものの、どちらも状況に従って考えている点で同じである。

自分はどんな結果を創り出したいのか

それに対し、創造モードの生きる姿勢は、自分が創り出したい成果のビジョンに力を与えている。これは反応や対処とは異なり、思考の立ち位置が未来にあるのだ。

アーティストやアスリートは、芸術やスポーツの中で当然のように創造モードを実践している。それは芸術やスポーツの伝統の中で継承されてきた規律であり、活動を支える構造が可能にしている慣習である。

自分が創り出したい結果があり、その結果のビジョンから今の現実を見る。すると現実の見え方が変わる。現実のどの部分が難しく、どの部分がやさしく、どの部分がニュートラルかがはっきりと見えてくる。

アーティストやアスリートが類まれな選択をし、驚くべき成果をあげることの理由のひとつがこれである。彼らが創造モードで世界を見ているからなのだ。

反応や対処では見えてこない。状況が行動を指示してくるように見える。「あの状況ではああするしか仕方なかった」というセリフを何度聞いたことがあるだろうか。ところが全く同じ状況にいても、未来のビジョンから現実を見ている人たちには別の選択肢の範囲が見えてくる。

それでは次に、デジタル思考の起源であるロバート・フリッツの開発した構造思考、そして古今東西のアーティストが共有する人類最高の成果達成方法である創造プロセスについて、次章で詳しく紹介しよう。

エクササイズ

1. デジタル思考とアナログ思考の最大の違いは何だろうか。
2. どんな場面でデジタル思考が有効なのだろうか。

第4章 緊張構造のパワーと創造プロセス

創造プロセスでは、
望まないことについて選択するのではなく、
望むことについて選択するのだ。
――ロバート・フリッツ

何のために意思決定するのか

デジタル意思決定はいったい何のためにするのか。いや、クリエイティブな意思決定とはいったい何のことなのか。

それは、文字通り、何かを創り出すための意思決定である。

問題を解決するために意思決定するのではない。

状況に対応するために意思決定するのではない。

正解を発見するために意思決定するのではない。

自分が創り出したい結果を創り出すために意思決定するのである。

ロバート・フリッツは言う。

「あらゆる問題を解決したとしても、創り出したいものを手にしているとは限らない」

あなたは何をしたいのか。それは問題解決ではなく、自分の望む何かを生み出すことのはずである。

問題解決は創造ではない

現代社会のあまりに多くの人たちが問題解決症候群とでも呼ぶべき悪癖に染まっている。何かといえば「何が問題なのか」「問題を解決しろ」「問題解決力が大事だ」などと、世界のあらゆる現象を「問題」と「解決」の二項で見ようとする人たちがいる。

はっきり言っておこう。問題解決力などいったん忘れたほうがいい。

「問題解決よりも問題発見が大事だ」と言う人たちも昔からたくさんいるが、これも同じ穴のムジナである。問題を解決するために、どの問題を解決したらいいのかを見つけろと言っているだけだ。

問題解決は創造ではなく、創造は問題解決ではない。

問題というのは厄介な物事で、世の中からなくしたいもののことを言う。創造というのは望ましいもので、世の中に生み出したいもののことを言う。

もちろん生きていく上で問題解決が必要な場面は存在する。目にゴミが入って、目からゴミを取り除く。コンピュータが故障して、修理して使えるようにする。顧客からクレームが入って、調査して問題を特定し、解決する。

問題解決が悪いわけではない。場面に応じて解決したらいい。

しかし問題解決に終始している限り、どんなに問題を解決しても新しい問題が出てきて、いつまでも終わらない。その問題を解決したことで何を創り出したのか、と問う必要がある。いや、何を創り出すためにその問題を解決しようとしているのか、と問う必要がある。

これは人生の選択である。

あなたは問題解決を中心に人生を生きたいと思うだろうか。それとも創造を中心に人生を生きたいと思うだろうか。

クリエイティブな意思決定は創造のためであり、問題解決のためではない。問題解決は創造ではないのだ。

創造はエネルギーを生み出す

問題をなくそうとして行動するのと、結果を創造しようとして行動するのとでは、やっていることがまるで違う。これは言葉の定義の話ではない。現実のエネルギーの違いである。

あなたが朝から晩まで職場で問題解決に明け暮れ、仕事を終えて帰宅したら、すっかり疲れてぐったりしているかもしれない。問題解決はエネルギーを消耗するのである。

それに対して、あなたが朝から晩まで職場で創造に明け暮れていたら、創造すれば創造するほど創造する力は活性化し、もっと創り出したい状態になっている。創造はエネルギーを再生するのである。

創れば創るほど、もっと創りたくなる。創ることによって創るためのエネルギーが充塡されていく。

プロセスではなく結果にフォーカスする

一流の掃除のプロの人たちの話を聞いたことがある。彼らは創造のプロである。掃除の現場に到着すると、「ここがどうなったらいいか」を思い描く。思い描いたビジョンに向けて何をしたらいいのかを思い描く。そして思い描いたプランを実行に移す。掃除のプロにとっては、ゴミを片付けるのが掃除ではない。美しい場所を創り出すのが掃除なのだ。

これは一流のプロでなくても習慣にできる。一見同じ動作をしているように見えても、問題解決や状況対応に追われているのと、創造プロセスに従事しているのとでは意識も効果もまるで変わってしまう。

私が好きなのは皿洗いだ。

キッチンシンクに置かれた何枚もの汚れた食器類を見る。そして数分後にはそれが全てすっかり綺麗になって片付いている結果をビジョンとして思い描く。ほんの数秒でもいい。結果のビジョンを思い描いてから動き始める。

もっとわかりやすいのは料理である。

料理を始める前に創り出したい食事の完成形を頭に思い描く。そして手元の材料や調理器具を見る。レシピではなく、完成形のビジョンを思い描くことがポイントである。

問題解決や状況対応に追われている人たちは「何をしたらいいのか」というプロセスに囚われている。プロセスではなく、結果にフォーカスすることだ。どんな状況においても「自分は何を創り出したいのか」「どんな結果を望むのか」と自問自答するのである。

整形外科医に欠かせない資質

2002年の冬にアメリカのロサンゼルスでカンファレンスがあり、空港でタクシーを待っていたとき、後ろに並んだ白人男性から声をかけられた。タクシーを相乗りしないかと言うのである。快諾して同じタクシーに乗り、しばらく世間話に興じた。

彼の仕事を聞くと、整形外科医だという。そこで聞いてみた。

「整形外科医の仕事で大切なことを挙げるとしたら何ですか？」

彼は笑ってこう答えた。

「イマジネーションです」

自分の施術によって患者がどうなるのか、患者の望む結果のビジョンを思い描く能力が必須だというのだ。そして結果を想像するためには現実の体験の積み重ねと学習が不可欠だという。

イマジネーションと現実

日本のＡＩ研究をリードしてきた科学者の北野宏明氏も、研究において必須のスキルは執念や集中力と並んでイマジネーションだと語っている。

想像するためには現実を体験しなくてはならない。ただ空想して妄想していても空想や妄想は無意味だ。「自分が何を実現したいか」「どんな結果を望むのか」と考えたときに必要なのがイマジネーションであり、ビジョンなのである。

そう、北野氏が指摘するように、イマジネーションはスキルなのだ。スキルとは磨いて身につけ、使って伸ばしていくものである。私たち人間にもともと備わっている能力だけでは足りない。想像力は、自分の目的のために開発すべき能力である。

もちろん物事は想像した通りにはならない。現実には自分のイマジネーションを超えることが起こる。だから常に現実を見る必要がある。自分の想像する結果のビジョンから現実を見据えるのだ。

ここでロバート・フリッツの教える創造プロセスのふたつの決定的要素が揃うことになる。

ビジョンと現実の間に緊張が生じる

将来ビジョンと今の現実が揃うと、そこに構造的な緊張《テンション》が生じることになる。これが緊張構造である。

この緊張構造こそ創造プロセスを動かす決定的なエネルギーなのだ。

科学者が発見し、整形外科医が施術し、掃除のプロが掃除し、シェフが料理し、あなたや私が皿を洗うとき、それが創造プロセスであれば、必ず緊張構造が働いている。

構造的に生じた緊張は、その物理的な性質として、必ず解消に向かう。これが構造力学の第一原理である。

真理の探究も、手術の成功も、ビジネスの発展

【緊張構造】

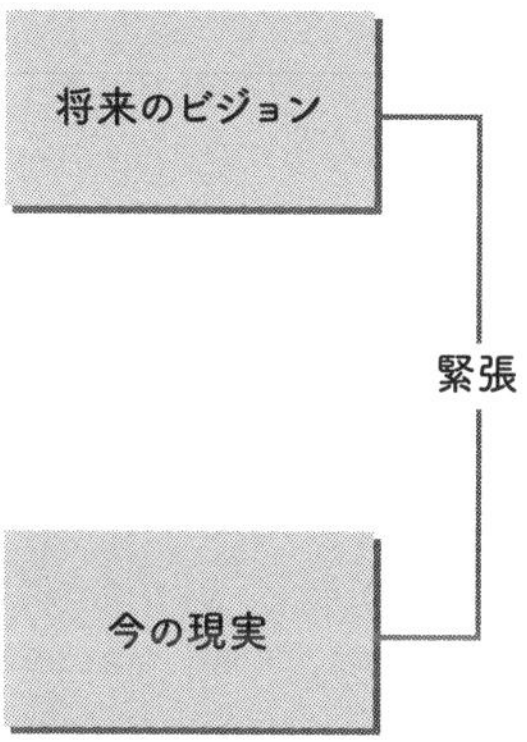

も、料理の完成も、全て例外なく緊張構造の力によって成立している。

これは心理操作ではない。構造的な緊張《テンション》とは心の不安や肉体のこわばりのことではない。あくまでも物理的な力のことだ。弓に矢をつがえたときの緊張と同じである。

弓に矢をつがえる

的を目掛けて弓に矢をつがえると、ここに物理的な緊張《テンション》が生まれる。

緊張が解消する力によって矢は的に向かって飛んでいく。これが緊張構造の力である。

当たり前の原理のように思える。

しかし緊張構造が世の常というわけではない。複雑な葛藤を抱える構造もある。それが葛藤構造である。

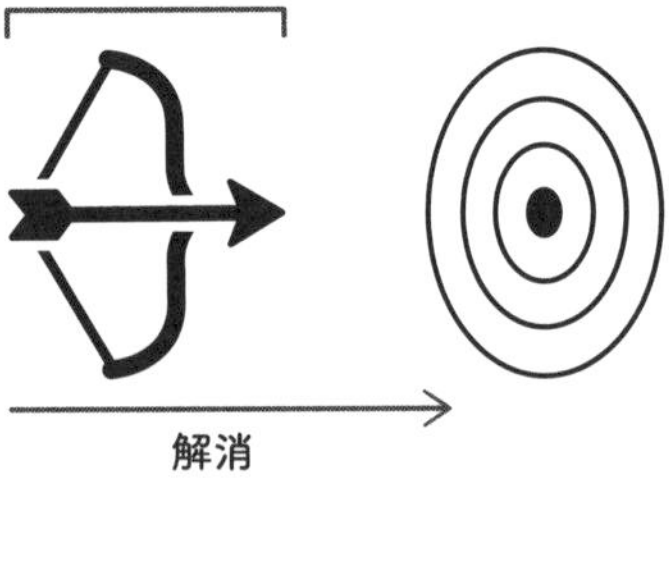

構造が葛藤していると揺り戻す

デジタル思考で価値の階層を定義するとき、明確に定義ができないと意思決定できない。あるいは一度決定したことがすぐに覆されたり、やり直されたりしてしまう。

これは意思決定者が優柔不断だからではなく、構造が葛藤を抱えているためだ。

典型的な葛藤構造に、ダイエットのリバウンドというよく知られた現象がある。痩せたいと思って食事を制限し、努力の結果として減量に成功しても、しばらくすると元に戻ってしまう。これが葛藤構造だ。元に戻るどころか、元の体重よりも増えてしまうことも多い。

【葛藤構造】

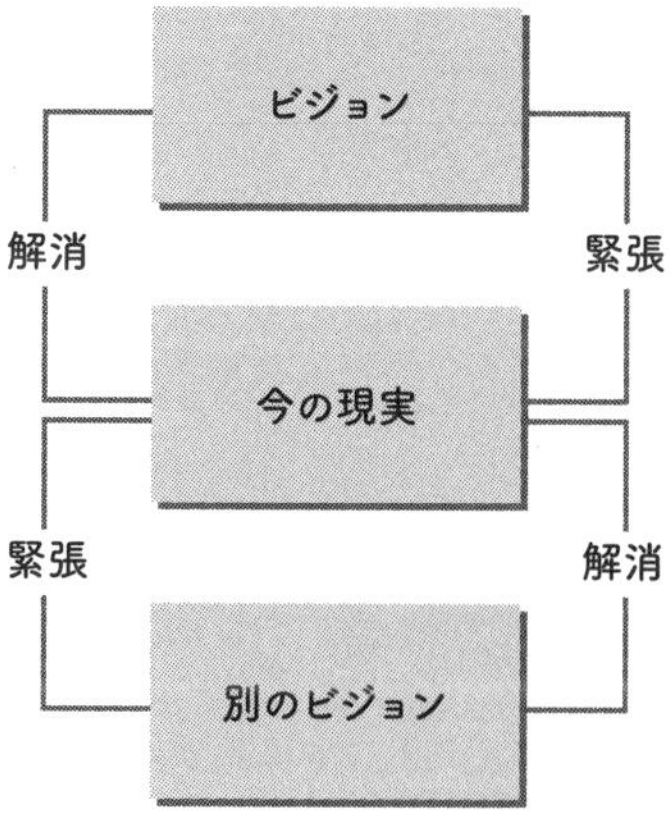

なぜダイエットが必ず失敗するのか

ダイエットの努力がリバウンドするという現象そのものは50年以上前から報告されている。それにもかかわらず、多くの人たちがダイエットを試み、たいていの人たちがリバウンドを体験している。これはダイエットする人たちの意志が弱いためではなく、必ずリバウンドする構造の餌食になっているためだ。

なぜ減量に成功したのに、その成功を保ち続けることができないのか。それは、ダイエットのプロセスが単一の緊張解消システムから成る緊張構造ではなく、複数の緊張解消システムから成る葛藤構造に支配されているからである。

もっと痩せたい、体重を減らしたい、という動機でダイエットする人たちは、食事制限を実行すれば一時的な効果を体験する。体重が5キロ減った、10キロ減ったというわけだ。

ところが、一時的な減量によって生じているのは当初の緊張の解消だけではなく、空腹という新たな緊張なのである。

「こんなに太っていては困る」「もっと痩せなくては」という当初の緊張が最も緩んだときに、空腹や渇望感という物理的・身体的な緊張が最大化している。

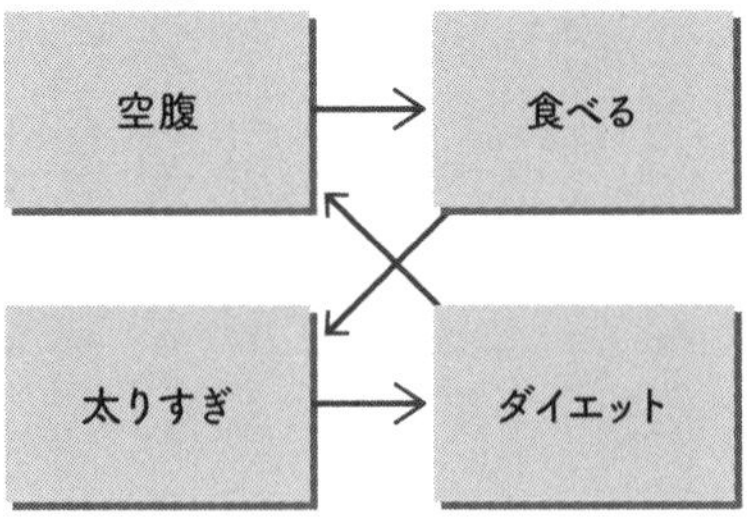

空腹は、物理的な緊張であり、必ず解消に向かう。この緊張解消システムは物理的な構造であり、どんなに強い意志をもってしても抗うことができない。無駄な抵抗である。一時的に抑え込んだとしても、緊張は必ず解消に向かうのだ。

人は構造の力に逆らうことはできない。重力に逆らうことができないのと同じだ。物理的な力に抵抗しても長続きはしない。構造が変わらない限り、行動は変わらないのである。

あらゆる揺り戻しの原因は葛藤構造にある

この構造の中にいる限り、持続的な成功はおぼつかない。成功は束の間に終わり、振り出しに戻る羽目になる。これはダイエットのリバウンドに限らない。一時的にうまくいって元に戻ってしまう揺り戻し現象は、必ず葛藤構造によって生じている。

たとえば、企業における典型的な揺り戻しである組織変革の失敗は葛藤構造が原因である。

会社を変えようという目標を掲げた当初は、「変えたい」「変わらなきゃ」「変革するぞ」という緊張が高まっている。

その緊張は解消に向かい、変革の行動が成果をあげる。

ところが組織が変わり始めると、「変えたくない」「伝統を守りたい」「前のほうが良かった」という緊張が最大化する。一時的な変革の成果によって当初の緊張が緩んだとき、「変わりたくない」という継続性の欲求が強くなるのだ。

【変革の葛藤構造】

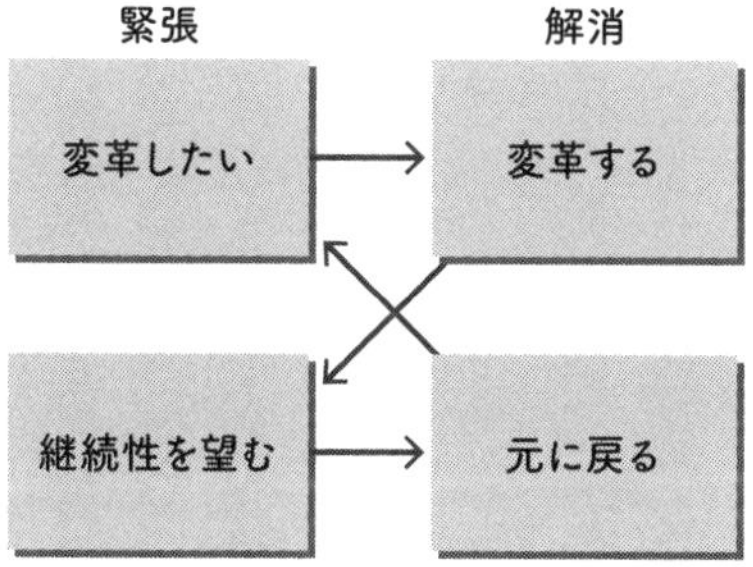

これは無理もない。組織とは継続性や安定を求めるものだ。変革しようとすれば安定が脅かされる。組織は自衛のために元に戻ろうとするのである。

これを「抵抗勢力」と呼んで退治しようとしても、構造が変わらなければ長続きしない。

組織変革において問題解決や状況対応を繰り返しても、結局は元に戻ってしまう。構造を観察して転換しなくてはならない。変革するためには観察し、理解することが不可欠なのだ。

問題解決は揺り戻しを促進する

構造は観察しないと目に見えない。問題は目の前に現れて目に見える。人は目に見えないものを無視して目に見えるものに反応したり対処したりしてしまう。

問題解決すれば問題解決するほど問題の根が深くなるのは、構造

【問題解決の揺り戻し】

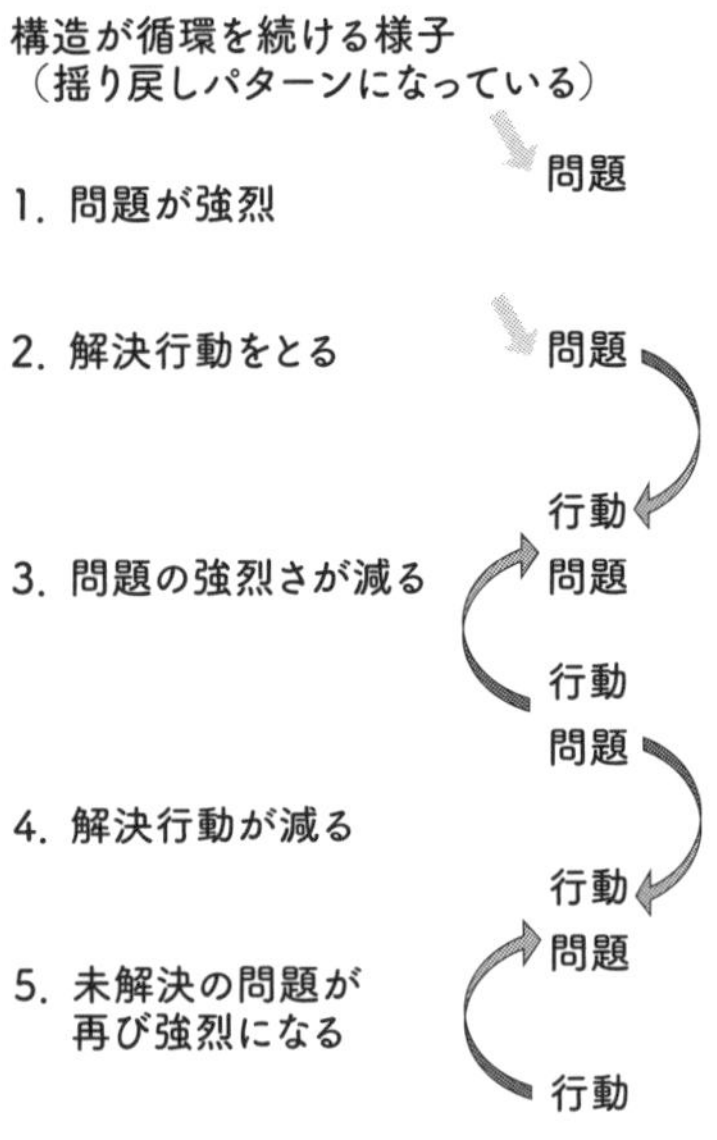

が手付かずだからだ。

問題解決は創造ではない。クリエイティブな意思決定で行うのは解決や対応ではなく、創り出したい成果を創り出すことだ。

自分が創り出したい成果を創り出すためには構造を変えなくてはならない。

ロッキングチェアからクルマに乗り換える

クリエイティブな意思決定において目指すのは一時的な成果ではなく、持続的な成功である。

したがって、もし意思決定が葛藤構造の中にあることがわかったら、その状況に対処するだけでなく、構造を乗り換えることを考えたほうがいい。

構造を乗り換える……そんなことができるのだろうか。

できる。というより、乗り換えるより他にすべきことはない。

ロバートは問う。「ロッキングチェアに座っていて、街に買い物に行きたいとき、そのままロッ

【ダイエットの緊張構造】

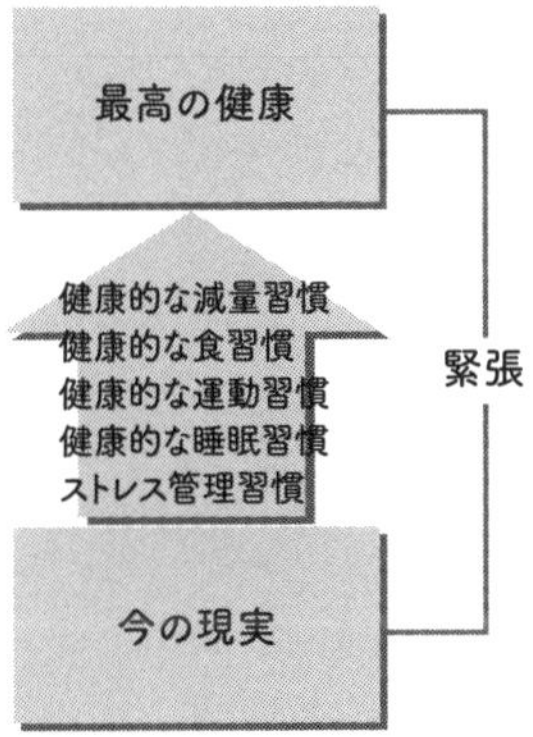

キングチェアに座ったまま行こうとするかい？　ロッキングチェアを直して、車輪をつけて、ハンドルをつけて、前進するように改造するかい？　するもんか。ロッキングチェアを降りて、クルマに乗り換えたらいいんだよ」

ダイエットのケースであれば、「体重を減らそう」という問題解決をやめて、「健康を創り出そう」という緊張構造に変えるのだ。

葛藤構造から緊張構造へ

構造を乗り換えることによって、揺り戻しがなくなり、成功が成功を呼び込む新しいパターンを生み出すことになる。これが葛藤構造から緊張構造への転換である。

組織変革のケースで言えば、変革と継続という葛藤している価値を階層化し、序列を決める必要がある。

全ての企業において変革が最優先課題なのではない。多くの企業組織において、変革よりも継続のほうが重要度が高い。そうであれば、「何を継続するのか」「何を変えずに守るのか」がトップの目標になる。

一方、変革目標がトップの組織においても、継続は必要だ。変革が優位で、継続が劣位になるが、劣位の価値も大切にしなくてはならない。

デジタル意思決定で価値の階層を定義したときにやったのは、まさにこれだ。意思決定者にとって全ての価値は重要だ。しかし、いくつかの価値は別の価値よりももっと重要だ。どの価値の重要性が高く、どの価値の重要性が低いのか。

　意思決定者は価値の重要性を決めなくてはならない。それによって構造を再定義するのである。

または

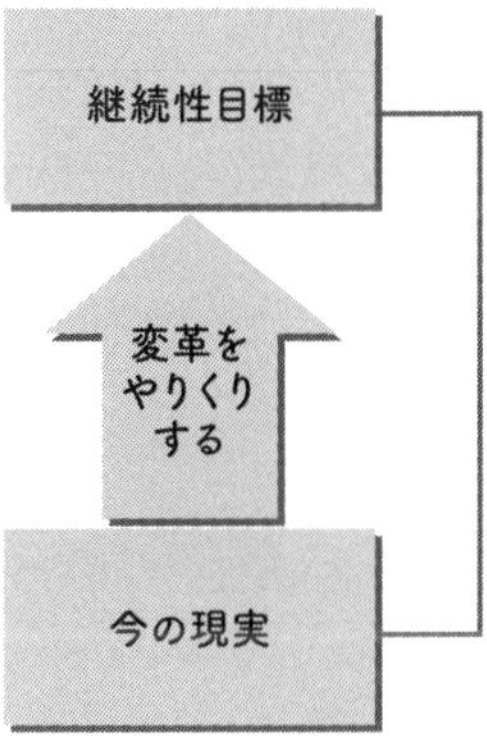

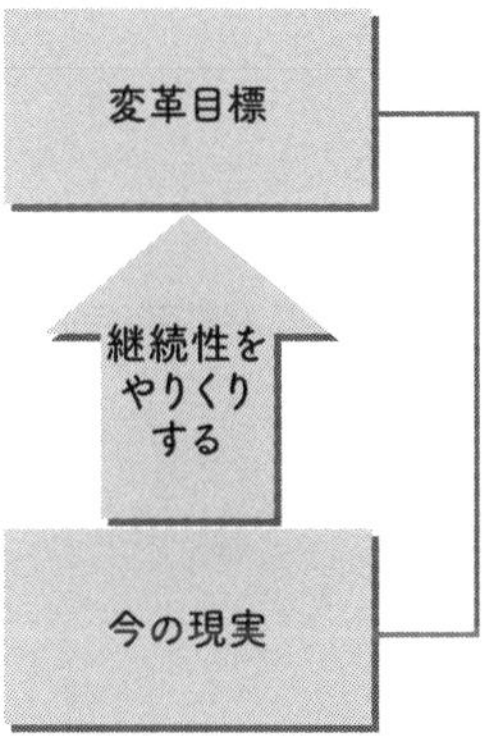

怠け者の私が働く理由

　世の中には働き者という人たちがいる。とにかく仕事をするのが習性で、朝から晩まで働いている。仕事がなくなると仕事をとりに行く。怠けることがない。世の中は働き者たちのおかげでうまく回っているのではないか。そう思わされることがある。

　一方、世の中には怠け者がいる。何を隠そう、私自身がそうである。できれば働きたくない。なるべく楽をして結果を享受したい。仕事がなければないで全く構わない。いくらでものんびりしていられる。わざわざ仕事を増やして働く意味がわからない。

ところが、なぜか怠け者の私も働き続けている。2002年に独立してから今に至るまで、誰も私に労働を強制する人はいないが、勝手にあれこれ仕事をしている。それどころか、本業の企業人教育や社会人教育の仕事以外に、何冊もの書物の執筆や翻訳に携わり、さまざまな課外活動に従事している。

なぜなのか。

これは緊張構造のなせる業《わざ》なのだ。

怠け者の私にも志や価値がある。できたら達成したい目標がある。その中にはエグゼクティブコーチングやマネジメントトレーニング、組織開発のファシリテーションやコンサルティングによって実現している成果もある。その活動の外側にこぼれ落ちる目標もある。

そして目標や志の多くは簡単ではない。難しい現実がある。実現方法がわからないことも多い。クリエイティブな意思決定は、一筋縄でいかない現実の中で下されるものだ。

怠け者なので、できるだけ楽な方法を考える。働くプロセスそのものよりも、結果として創り出したい成果が生まれたらいい。

クリエイティブな意思決定において、怠惰は必ずしも悪徳ではない。むしろ「楽をする」ためにどうしたらいいのかと知恵を絞ることから創意工夫が生まれる。規律と結びついた怠惰はむしろ創造プロセスにおけるスパイスなのである。

現実を客観的に観察しているのか

緊張構造が創造プロセスの鍵であること、そして緊張構造が成立するためには創り出したい将来と、そのビジョンから見た今の現実のふたつが必要なこともわかったと思う。

ではここで質問だ。将来のビジョンを想像するのと、今の現実を客観的に観察するのと、いったいどちらが難しいだろうか。

40年前に一般の人たちに創造プロセスを教え始めたロバートは、きっと将来ビジョンを想像するほうが難しいだろうと思っていた。職業アーティストと違って、一般の人たちは何かを創り出すという意識が少ないから、何を創り出したいのかを考えるほうが難しいだろうと思ったのである。

ところが実際にはその逆だった。多くの人にとって自分が何を創り出したいかを考えるほうが容易く、自分が今どんな現実にいるかを客観視するほうが難しかったというのである。

これはなぜなのだろうか。

ありのままに見るためには規律と訓練が要る

創造プロセスに親しんでいない一般の人たちは、今の現実など「わかりきったものだ」

と思い込んでいることが多いのだ。わかっていると思えばそれ以上観察したり理解したりしようとしない。「もう知っている」という思い込みほど学習を妨げるものはない。

読者の皆さんも無意識のうちに「自分の現実などもうわかっている」と思い込んでいるかもしれない。もしそうなら最初からやり直す必要がある。自分の創り出したい結果から見て、今の現実はどうなっているのかを自問自答するのである。

また、一般の人たちは現実を客観的に捉える訓練を積んでいない。プロの芸術家は長い時間と修練を経て現実の観察を行う。画家は描く対象を正確に見るトレーニングを重ねる。音楽家は音を正確に聴き取るトレーニングを重ねる。プロのアスリートも同じだ。現実を客観的に把握していなければ創造的なプレイをすることなどおぼつかない。

歌を歌う人が自分の歌の音程を聞き取れていなかったら正しく歌うことができない。音程を訂正することもできないし、歌唱が上達することもない。耳の訓練が必要だ。

スポーツ競技をする人が自分のプレイが効果的かどうか正しく把握できていなければ、やはり上達できないし、競技中にプレイを調整して結果を出すことも難しい。現実を知る訓練が必要だ。

アーティストやアスリートと同じく、私たちもまた現実をありのままに知るための規律と訓練が要る。知らないうちに自然とできるものではない。

本書の後半でも複雑な現実を見るための方法を詳しく紹介するが、ここでは創造プロセスのはじめの一歩であるオリジナル思考について知ってもらいたい。

無からスタートする

オリジナル思考は、常に無からスタートすることで始まる。何かを観察するときに「もう知っている」「自分はわかっている」という思い込みを棚上げし、「まだ知らない」「自分はわかっていない」というスタート地点につくことだ。

これは画家が花を見るときの態度であることを文芸評論家の小林秀雄が1957年に語っている。引用するのは「美を求める心」と題して、54歳の小林秀雄が小中学生に語った言葉である。

> 諸君が野原を歩いていて一輪の美しい花の咲いているのを見たとする。見ると、それは菫《すみれ》の花だとわかる。何だ、菫の花か、と思った瞬間に、諸君はもう花の形も色も見るのを止《や》めるでしょう。諸君は心の中でお喋りをしたのです。菫の花という言葉が、諸君の心のうちに這入《はい》って来れば、諸君は、もう眼を閉じるのです。それほど、黙って物を見るという事は難しいことです。
>
> （『小林秀雄全作品〈21〉美を求める心』新潮社）

無からスタートし、対象そのものを見るとき、私たちは目の前にある現実を初めて見ることになる。

「言葉の邪魔の這入らぬ花の美しい感じを、そのまま、持ち続け、花を黙って見続けていれば、花は諸君に、嘗《かつ》て見た事もなかった様な美しさを、それこそ限りなく明かすでしょう。画家は、皆そういう風に花を見ているのです」（『小林秀雄全作品〈21〉美を求める心』）

ロバート・フリッツは、画家が花を見るときのように先入観を廃し、無からスタートする思考をオリジナル思考と呼び、現実を把握する際の最初のステップとして「無からスタートする」という規律を挙げている。

カテゴリー思考の効率と貧弱

オリジナル思考に対して、すでに知っている情報と照らし合わせて観察を分類する思考法を「カテゴリー思考」と呼ぶ。これはスミレ、あれはバラ、これは自分の知っている花、あれは自分の好きな花、といった具合に次々と情報を分類して整理していく方法である。

カテゴリー思考は手っ取り早い。自分の知識のデータベースを参照し、新しい情報を「知識」に変えていく。いわゆる情報処理と呼ばれる作業はこれだ。既存知識のデータベースが豊かで、分類のスピードが素早いことによって、非常に速く効率的な処理が行われる。

情報処理が目的ならカテゴリー思考でいい。できるだけ短時間に大量のデータを処理することができる。実際、私たちの日常生活の大半はカテゴリー思考によって無難に運営されている。新しい出来事に直面するたびにオリジナル思考をする必要はない。

しかしカテゴリー思考だけで情報処理していると、新しい現実の新鮮さは薄れ、対象への愛情もなくなり、「もう知っている」という思い込みによって観察は鈍り、花の美しさは永遠に失われてしまう。「ああ、スミレの花か」で終わってしまうのだ。

創造プロセスにおいて創り出したい結果のビジョンを思い描くのと同じくらい重要なのは、客観的な現実の観察だ。そしてカテゴリー思考しかしていないと、現実を正確に見ることができない。その結果、創造に必要な緊張構造を確立することも難しくなってしまう。

カテゴリー思考は効率的だが、移ろいゆく現実を見る方法としては貧弱だ。創造プロセスにおいては無からスタートするオリジナル思考が必要なのである。

パンがレンガになってしまう

オリジナル思考を実践するための最初の一歩は「無からスタートする」だが、現実を正確に知るために何が必要なのだろうか。

ここで本を置いて、あなたがいる場所のフロアや地面を見てほしい。もし可能なら顔を近づけてじっくりと観察してみよう。フロアや地面が正確に把握できただろうか。もちろんこれは観察の目的次第だが、あまりにも対象物に近づきすぎてしまうと、かえって対象の全体像を見失うことになりかねない。同じように、ビジネスの現場で今日この瞬間に何が起こっているかだけにフォーカスしていたらビジネスの全体像をつかむことは難しい。

サルバドール・ダリは「パンを克明に描いていくとレンガのようになってしまう」と言っていたというが、現実を客観的に観察するためには適切な距離と範囲が決定的に重要である。無闇に対象に近づきすぎては正確に把握できない。

もちろん対象から遠すぎても何を見ているかわからなくなる。遠方からぼんやりと現実を見ていても、どこまでもぼんやりとしか見えない。企業の経営者がビルの最上階からビジネスの現場を見下ろしたとして、現場からあまりに遠くて何が起こっているのか見えないかもしれない。正確に把握するためには距離を縮める必要がある。

現実を見る3つのフレーム

現実を正しく知るためには、近すぎず、遠すぎず、ちょうどいい距離と範囲で観察しなくてはならない。映画監督でもあるロバート・フリッツは、対象との距離と範囲の取り方をカメラの使い方になぞらえて、

ロングショット（遠すぎる）――いつもぼんやり
クローズアップ（近すぎる）――目の前の出来事と過剰な詳細
ミディアムショット（ちょうどいい）――客観的な形・傾向・パターン
と3つのフレームで説明している。

ロングショットで現実を見る癖がある人たちは、いつもぼんやりと見ているので、何を見ているのかわからない。わからないのが嫌なので、「きっとこうなっているはずだ」という理論や憶測で現実を知ったつもりになりやすい。

もしあなたにロングショットの癖があるなら、カメラを近づけてミディアムショットにすることができる。もっと近寄って、対象全体がよく見える位置から観察し直すのである。

クローズアップで現実を見る癖のある人たちは、あまりに細かいことに囚われすぎていて全体像を見ていない。朝のニュース、昼のニュース、夜のニュースを見て、情報通になったつもりになる。そ

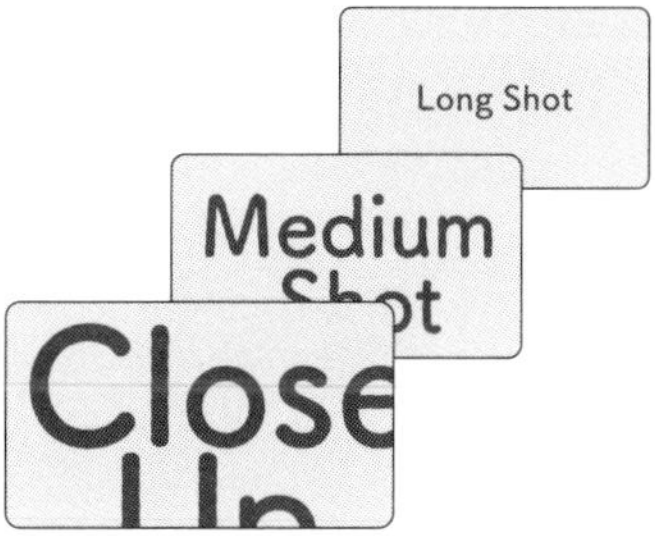

【現実のフレーム】

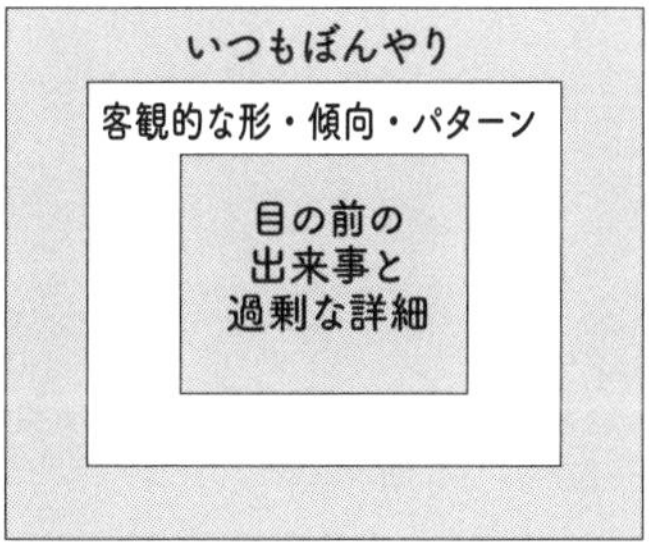

してついつい目の前の出来事に反応し、自分では状況に素早く対処したつもりになる。驚くほど短絡的なのに、自分では現実を知っているつもりになってしまう。

クローズアップの癖がある人は、一歩引いてフレームを変え、現実の全体像を把握する位置から観察し直すことができる。

ミディアムショットは、木を見て森も見ることができるフレームである。詳細を観察し、詳細どうしの関係も観察できる。現在を観察し、それが過去のどこから来たのか、未来のどこへいくのか、傾向やパターンを見てとることができる。

ミディアムショットで観察していると、時間の感覚が変わっていく。現在・過去・未来のつながりが感じ取れるようになっていくのだ。

私たちが音楽を聴いて楽しむことができるのは、今この瞬間に鳴っている音が聴こえているだけでなく、少し前に鳴っていた音、少しあとに鳴ってくる音とが、時間の流れの中でつながっていることを楽しめるからである。

ちょうどいい距離と範囲、つまりミディアムショットで現実を観察していれば、現実の客観的な全体像を把握し、その変化のパターンを知ることができる。昨日から今日、今日から明日への全体の流れを感じ取ることができるようになる。

将来ビジョンを見る3つのフレーム

今の現実をカメラの3つのフレームで見ることができたように、将来のビジョンを見るときもカメラのフレームで見ることができる。ロバート・フリッツは、

ロングショット（遠すぎる）――あやふやな望み・憧れ
クローズアップ（近すぎる）――食欲・性欲・生存本能
ミディアムショット（ちょうどいい）――志・価値

の3つのフレームで説明している。

ロングショットのビジョンはぼんやりしすぎている。いつか宇宙に行きたい。いつか立派になりたい。そのうち海外に住みたい。生きているうちにすごい仕事をしたい。今に見てろよ、きっと見返してやるから……。こうした曖昧な望みに基づいてクリエイティブな意思決定はできない。そのままでは不明確すぎて役に立たないのである。もっとフォーカスを絞って具体化する必要がある。

一方、クローズアップのビジョンは食欲・性欲・生存本能などだ。

【将来ビジョンのフレーム】

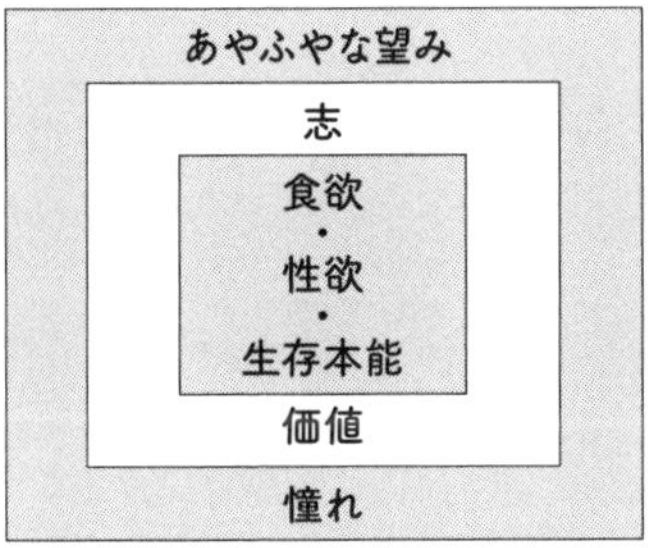

私の友人や知人の中にも短期的な欲望に駆られている人たちは少なからず存在する。あれを食べたい、これを飲みたい、それをやりたい、などの衝動によって刹那的に行動する。その結果がどうなるかを考察することは少ない。欲求を持つことは生き物である人間の自然な状態だが、クリエイティブな意思決定のための柱にはなりにくい。

食べたいから食べる、飲みたいから飲む、という反応的な意思決定をしたいのか、それとも長期的な心身の健康のために飲食を楽しみたいのか。反応ではなく、創造の姿勢に移行する必要がある。

ミディアムショットは、自分にとって大切な価値や志である。十分に具体的であり、刹那的に解消するものでもなく、時間をかけて構築し、獲得し、実現して維持していく対象だ。

今の現実のフレームと同じく、フレームが不適切であれば学習して調整することができる。今までの人生で何十年も悪い習慣があったとしても、フレームを調整して効果的に将来と現在を見ることは可能なのである。

創造プロセスに自分（自意識）を入れないこと

将来ビジョンと現実把握ができると緊張構造が生まれ、創造プロセスが動き出す。クリエイティブな意思決定の基礎が出来上がる。どんな結果を生み出したいのかをミディアムショット（価値と志）で眺め、今どこにいるのかをミディアムショット（客観的な全体像）で眺める。意思決定は状況対応や問題解決ではなく、創造プロセスの一環としてクリエイティブな意思決定が行われる。

これが全ての成功のエッセンスだ。

ところが成功を邪魔する要素がある。その最たるものが自分についての意識、自意識である。どういうことか説明しよう。

わかりやすいのはスポーツや芸術などにおける鍛錬である。上達するためには自分が今できるレベルを超えて、もっと高い技術を習得するための練習が必要となる。このときに自意識が入り込むと練習の妨げにしかならない。ピアノでもサッカーでも空手でも絵画でも同じことだ。

体操の内村航平選手は徹底的な基礎練習を欠かさないことで知られている。内村選手本人によると「格好悪いことをやる」のが大切だという。失敗を繰り返す泥臭い練習、退屈極まりなく感じられる基礎練習を何度も何度も重ねるのだ。格好悪い練習は、自意識の高い状態では続けられない。失敗の連続も、自意識の高い状態では続けられない。自意識は脇に置いて、上達の目標にフォーカスし、まだ目標に達していない今の現実に立脚しなくてはならない。

その意味で、「自己肯定感を高める」「自己尊重《セルフエスティーム》を高く保つ」などという昨今流行の方法は、常に上達の妨げであり、要注意である。失敗して嫌な気分になるのは自然なことだ。練習して失敗すれば必ずできない自分を意識して「自己肯定感」は低くなる。そんなものにこだわり続ければ上達も成長も見込めない。

ここで重要なのは、自意識を創造プロセスに入れないだけでいい、ということだ。自意識を「なくす」ことではない。なくす必要はないし、そもそもそんなことは不可能だ。

人によってもともと自意識の強い性格の人と、自意識の弱い性格の人がいる。何かというと自分に意識が向いてしまう傾向のある人もいれば、意識が外向きになっていて自分のことをあまり考えないタイプの人もいる。そういう性格を変えようとする必要は全くない。そのままでいいのである。いや、性格というものは直接変えようとすると逆に抵抗して強化されやすい。生まれ持った性格をいじって変えようとすることほど無駄で有害なことはない。

ここで必要なのは、自分の自意識が強かろうと弱かろうと関係なく、創造プロセスの中に自意識を入れないということだ。

この違いはわかりにくいかもしれないが、とても重要なので丁寧に説明しておこう。

たとえば、サッカーの基礎練習で失敗を繰り返してもけろりとしている子供がいる。この子供に対して「もっと反省しろ」と言っても無意味だ。もしその子供が上達したいのなら、「もっと練習しろ」と言うだけだ。そしてもっと練習するためには失敗している事実をはっきりと認識し、何が原因なのかを把握し、目標に届いていない事実から目を背けないことだ。「反省」したり落ち込んだりする必要はない。

逆に、ちょっと失敗すると自分には才能がないのではないかと落ち込んでいる人がいる。この人に対して「気にするな」「誰にでも才能がある」「あなたにも才能がある」などと励ますことはほとんど意味がない。才能があるかどうかは関係ない。その人が自分の目標に到達したいかどうか、それがポイントだ。もし到達したいのであれば、才能が豊かであるかどうかは別問題であり、今の現実を思い知って目標を目指すだけでいい。落ち込んでもいいし、気に病んでもいいが、そのまま練習を続ける必要がある。

自意識は克服するものではない。解消するものでもない。そのままでいい。ただ意思決定の構造から外すだけでいい。このことはロバート・フリッツの著書『自意識（アイデンティティ）と創り出す思考』『Your Life as Art 自分の人生を創り出すレッスン』（ともにEvolving）に詳しく解説してあるが、本書で伝えたいことはただひとつ、創造プロセスに自分（自意識）を入れないことである。

毀誉褒貶《きよほうへん》を気にしない

「気にするな」と言っても気になってしまう場合もある。しかしクリエイティブな意思決定をするためには、目標と現実にフォーカスし、それ以外の他者からどう評価されるかを意思決定の判断に含めないことだ。

２０１８年のサッカーW杯のグループリーグ予選で、日本代表チームを率いる西野監督が手厳しく批判された采配があったことを記憶している読者も多いだろう。詳細を省いて簡単に紹介すると、グループリーグ第３戦で対決していたポーランドとの試合終盤で、日本チームはその試合の勝利を計画的に諦め、０対１で敗北することによって「戦略的」に決勝トーナメント進出を決めたのである。それに対して国内のメディアやサポーターの多くが日本チームの不甲斐なさを見て大いに落胆したばかりでなく、

「W杯で最も恥ずべき10分間」（ドイツ紙ビルト）

「ジャポン、それほどフェアプレーじゃない」（フランス紙レキップ紙）

「アンチ・スポーツ精神だ」（イタリア・メディアセットTV）

「日本は【０対１】のスコアより多くを失った」（ブラジル紙グロボ）

など多くの海外メディアからも批判が殺到した。

一方、西野監督の決断は結果的に決勝トーナメント進出という歴史的快挙につながり、これを肯定するファンや批評家は勇気ある英断だと高く評価した。

あえて真剣勝負を放棄して予選突破の目標を選んだ采配がスポーツマン精神に反するのかどうか、ここでは議論しない。全てが終わってからも極端に異なる評価を生んだ決断だったのだ。

ただ、もし西野監督が世間の毀誉褒貶《きよほうへん》を気にしていたとしたら、この決断はできなかっただろう。予選突破に成功しても厳しい批判にさらされる。予選突破に失敗したらもっと激しい批判を浴びたことだろう。どう転んでも世界中から叩かれることは必至だ。しかし日本代表を率いた西野監督は毅然として「戦わない」戦法を選択した。

これは世界中のサッカーファンが観戦する中で公然と行われたクリエイティブな意思決定の一例だ。そこに自意識は介在していない。西野監督が見ていたのは決勝トーナメント進出という目標と、今目の前で展開している試合状況のふたつだけであり、自分が世間にどう評価されるかは意思決定の天秤に含まれていなかったのである。

もっと地味で私的な一例を挙げよう。

あるマネジャーが雇った社員の話である。彼女は明るく朗らかな性格で、誰からも愛されていた。コミュニケーション能力も高く、きっとチームの戦力になると期待されていた。しかし入社3カ月目のある日、彼女の実務能力に疑問があると報告が入った。マネジャーはさっそく彼女を呼んでその事実を伝え、事態の改善を願ったが、実務能力の不足は否めないようだった。

この社員はマネジャー自身が面談して採用していた。3カ月の試用期間で雇用を終了するのは気の毒だ。なんとか頑張ってもらいたかった。

しかし能力不足は事実である。小さなチームに実務能力の足りないメンバーを抱えて育成していく余裕はない。決断に迷いはなかった。あとは彼女が他の職場で自分のキャリアを発見するための支援をするだけだった。

このとき、もしマネジャーが自意識を介在させていたらどうなっただろうか。

「自分が雇った社員だ」
「自分の判断が間違っていたことを認めなくてはならない」
「数カ月前の雇用の決断を覆す自分はメンバーからどう思われるか」
「せっかくいい関係を築き始めた彼女からはどう思われるか」

など、自意識の入り込んだ思考はどんどんややこしくなっていく。そうなれば、ただでさえ難しい意思決定は無用に複雑で困難なものになったに違いない。

マネジャーの意思決定は単純明快だった。

「もし彼女を雇い続けたらどうなるのか」
「もし彼女の契約を更新しなかったらどうなるのか」
「自分たちにとって最善の結果は何か」
「最善の結果をもたらすために必要なことは何か」

つまり創り出したい成果のビジョンと、それに対する今の現実だけが意思決定の基準である。もし人情にほだされ、自意識に歪む意思決定を行ったりしたら、チームに損害を与えるばかりでなく、肝心の新入社員の彼女自身のキャリアをも大きく傷つけるものになってしまったかもしれない。

さて、次章では意思決定をビジュアルに認識することのメリットとその方法を紹介しよう。今どこにいるのか、これからどこに行くのか、どうやって行きたいところに行くのか。意思決定の連続を助けてくれる地図とコンパスを手に入れるのである。

エクササイズ

1. 緊張構造チャートを実際に使ってみよう。あなたが創り出したいものを上の箱に、その結果のビジョンから見た今の現実を下の箱に書き入れる。

2. 最初に短くて簡単な創造プロセス（数時間から数日で完了）、そしてもう少し長くて複雑な創造プロセス（数週間から数カ月）を実際に使ってみよう。

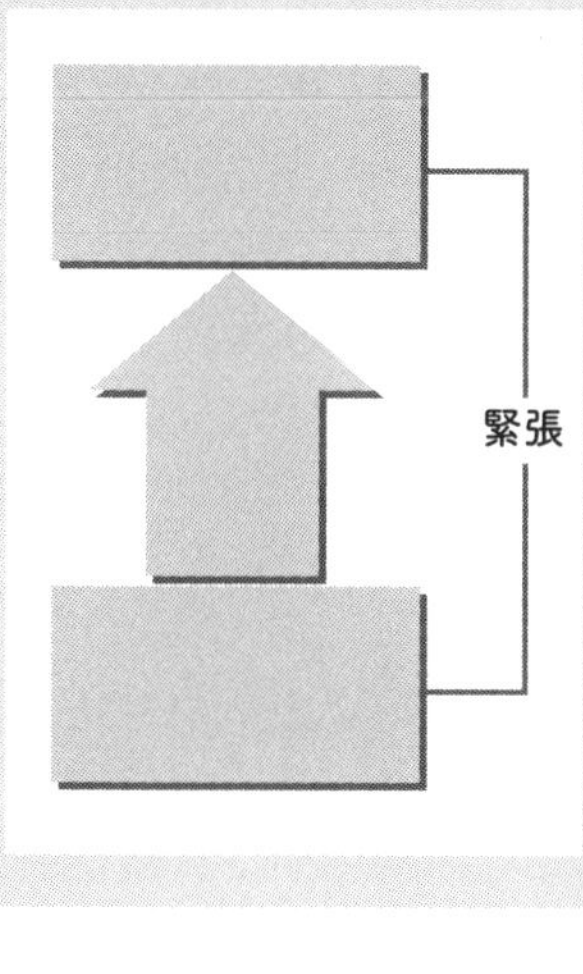

第5章
地図とコンパス

事実を最もよく理解するには地図や物語が
必要だと認知心理学でわかっている。
頭の中でばらばらに認識された事実は、
ネット上でリンクのないページのようなもの。
存在しないも同然だ。

——スティーブン・ピンカー

創造プロセスは地図を与えてくれる。どこへ行きたいのか。今どこにいるのか。どうやって行きたいところに行くのか。

創造プロセスは常にシンプルだ。いや、複雑な創造を単純にしてくれるのだ。

地図がなかったらどう伝えるのか

「駅から歩いて8分、600メートルです。南口から出てください。改札を出たら左に曲がって、しばらくまっすぐ歩いて、突き当たったら右に曲がってください。道の左側をずっと歩いて、少し坂を登ります。ひとつ目の信号の先に教会があります。ふたつ目の信号を越えて、ふたつ目の角を左に曲がって路地に入ると、道の左側に看板が出ています。え？　もう北口改札から出た？　そしたら右に曲がって、突き当たったら右に曲がると踏切があって……」

駅から店までの道順を電話で伝えようと思ったら、たとえばこんな感じになる。どの角を曲がるか、どの道を進むか、どのくらいの距離なのか、どのくらいの時間がかかるのか。

ずいぶん複雑に聞こえる。曲がり角をひとつ間違えたら道に迷ってしまいかねない。間違えたときのエラー処理まで含めると、もっと複雑な道案内になる。

20世紀の哲学者ヴィトゲンシュタインは、道順を口頭で正確に伝えるのは不可能だ、と言ったとか言わないとか。

不可能かどうかは別として、文字や言葉だけでコミュニケーションするのが難しいことは間違いない。

地図があったらどう伝えるか

地図を使ってビジュアルに道案内すれば、もっとずっと簡単でシンプルになる。

簡単な地図があれば複雑な説明は要らない。今どこにいて、これからどこに行くのか、どの道で行くのかがあっという間にわかる。

地図は全体像を伝える。いっぺんに特定の地域全体を見渡すことを可能にする。コンパスがあれば方角がわかる。地図とコンパス。クリエイティブな意思決定に必要な2点セットである。

出発点と目的地を結ぶ道

地図とコンパスが可能にするのは何か。

第一に、出発点と目的地を知り、2点を結ぶ道を決めることだ。駅という出発点、店という目的地が決まっていたら、地図によって道順を知ることができる。

出発点と目的地がクリアになっていれば道に迷っても容易に戻ってくることができる。

また、場合によっては複数の道から選択することもできる。

逆に、出発点と目的地が不明な状態で意思決定することを想像してみてほしい。

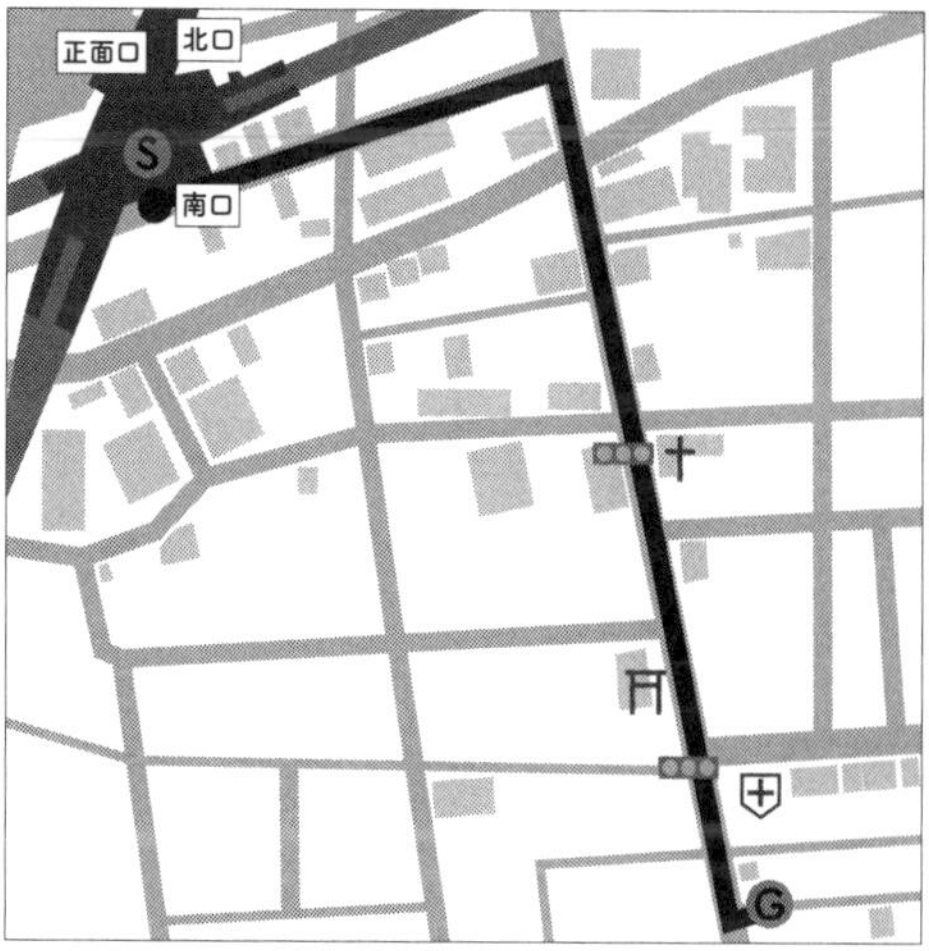

その曲がり角を右に曲がるのか、左に曲がるのか、それともまっすぐ進むのか。道を外れたら何を目印に戻ってきたらいいのか。

優れた意思決定には出発点と目的地が必要であり、効果的な道案内には地図とコンパスが必要なのだ。

新しい地図を描く

駅から店まで道案内する場合は、すでに駅と店の場所が固定されていて、ふたつのポイントを結ぶ道をハイライトするだけだった。

一方、クリエイティブな意思決定を要する領域では、地図がまだ存在していないことが多い。

どうするのか。

もちろん自分で地図をつくるのである。

まだ存在していない領域の地図を描くのにふさわしいケースとして、公共政策のディベートを例にとってみよう。新しい政策は実際に実行してみるまで現実の効果がわからない。つまり地図がまだ存在していない。そこであらかじめ未来の地図を描き、その是非を判断するためのシミュレーションを行うのだ。

たとえば、「日本は公共スペースでの香料等の使用を法的に制限すべきである」という論題があったとする。

インターネットで数分でもリサーチしたらすぐにわかるように、香料等の不適切な使用のために世界中で化学物質過敏症に悩まされる被害者が増えている。

困っている人たちがいる、法律や法令で救済しなくてはならない……。そういうふうに直線的に解決策を手繰り寄せようとする人たちが多い。

しかし、公共政策を検討するなら、目標達成のための地図とコンパスが必要だ。コンパスは政策目標や政府の役割である。地図は改善や解決のアプローチと、実際に法的制限を導入した場合のシミュレーションだ。

駅が出発点だったように、被害者が存在する現状が出発点になる。店が到達点だったように、被害者を救済し、より良い社会を実現することが到達点になる。

どうやって現状から改善へと向かうのか。どんな道がありうるのか。その途上には何があるのか。改善や解決にたどり着くことは可能なのか。

これは地図のない世界だ。なぜなら誰もまだたどったことのない道だからだ。いや、道もまだないのである。目的地を描き出し、新しい地図に新しい道を描き込まなくてはならない。

そして、ディベートするならば、「目的地は本当に存在するのか」「その道は本当に通れるのか」「その道を通ることでどんなリスクやコストを生じるのか」「他に道はないのか」

と論題の否定側を検討しなくてはならない。

緊張構造チャートは創造プロセスのマッピング

前章で見た緊張構造は、まさしく目的地と出発点の定義によって物理的に生じるものだった。

「どこに行きたいのか」(目的地)
「今どこにいるのか」(出発点)

このたったふたつの問いに答えることで緊張構造が生まれる。

創造プロセスを歩むには、このふたつのポイントが必須である。このあまりにも当たり前のことが、意思決定の正念場において忘れられてしまう。

目的地を知らなければ現在の状況に反応したり対処したりするだけで終わってしまう。目の前に見えた問題を解決しようとしても、「どこに行きたいのか」が不明では優れた意思決定になりようがない。

目的地を知っていても、出発点がわかっていなかったら地図を描くことができない。いったい今ど

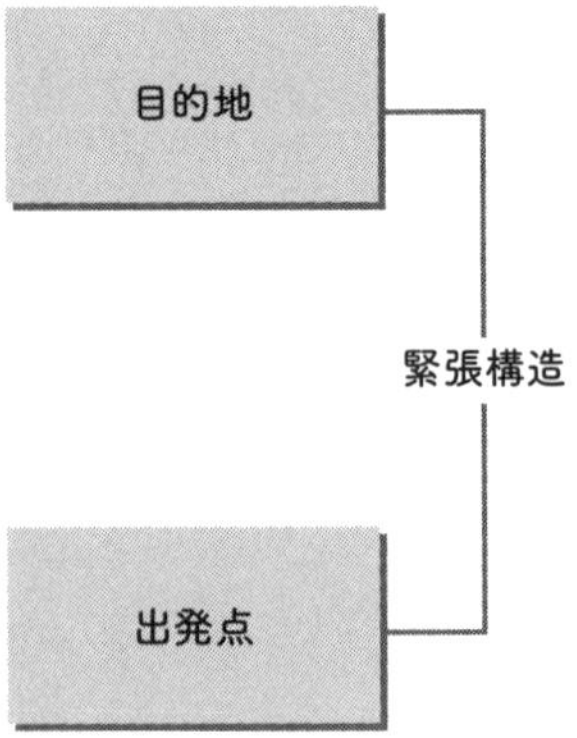

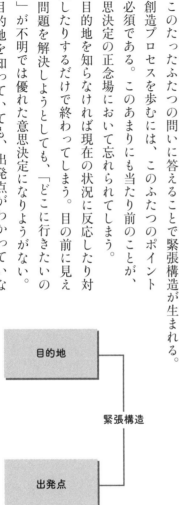

こにいるのか。どういう現実の中で意思決定しようとしているのかが忘れられている。多くの場合、現在地は「わかっているつもり」になっているからだ。

行き先と現時点が定義できれば、創造に必要な緊張が出来上がり、次は道筋を考えるステップになる。

この順序がとても大切だ。

真面目で一生懸命な人たちの多くは「何をしたらいいのか」「やるべきことを決めよう」と言って計画を始めてしまうことがある。

それに対し、クリエイティブな意思決定において「どうやってやるのか」は3番目のステップになる。目的地の決定が第一、出発点の確認が第二、行動計画は第三だ。

創造プロセスの地図、それが緊張構造チャートである。

駅から店に行くための地図と異なるのは、創造プロセスを歩む過程で地図が次々とアップデートされていくことだ。


【緊張構造チャート】

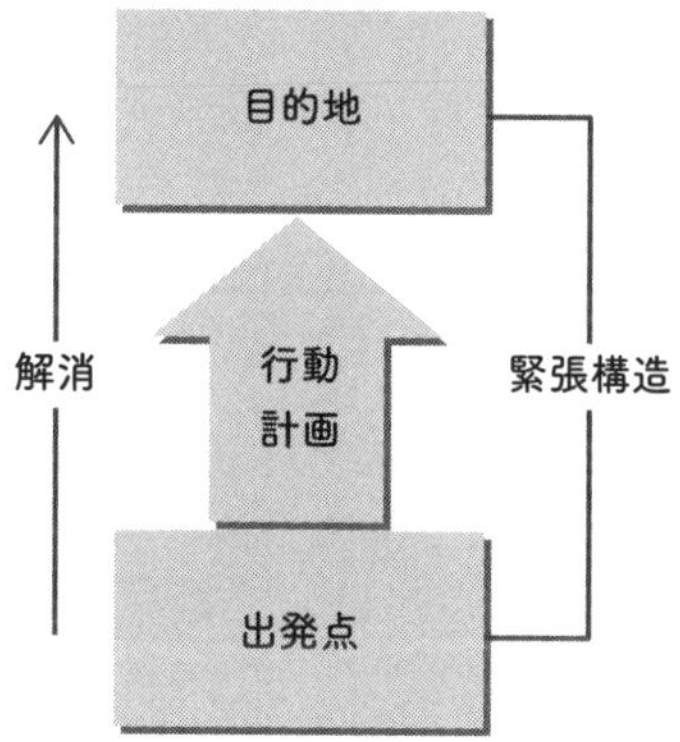

目的地はまだこの世に存在していない

創造プロセスの地図は、ダイナミックな地図、つまり時間の経過とともに変容していく地図である。

まず、目的地が最初からはっきりと存在しているとは限らない。駅から店に行くのと違って、目的地自体がまだこの世に存在しないことが多い。

「こんなキャリアを築きたい」
「こんなビジネスを始めたい」
「こんな世界をつくりたい」
「こんな作品をつくりたい」
「こんな関係をつくりたい」
「こんな人生を歩みたい」
「こんな生活をしたい」
「こんな仕事をしたい」

自分が創り出したい結果に相当するような前例がある場合でも、これから創り出す成果は唯一無二であり、本当に創り出せるかどうかは実際にやってみなければわからない。つまり目的地はまだ存在しないのだ。

ましてや前例のない新しい試みであれば、あらかじめ存在する目標などない。せいぜい参照データがあるだけだ。

まだ目的地が存在しないなら、最初の質問はこうなる。あなたはその目的地に到達したいのか。なぜ到達したいのか。到達することで何を得るのか。

クリエイティブな意思決定のスタートは目的地である。そこに行きたいという衝動、志と価値がスタートだ。

最初から完全な定義は必要ない

創造プロセスのスタート地点においては、目的地は存在しない。自分が何を創り出したいのかを自分で描き出す必要がある。

このとき、完全な定義は必要ない。大まかなイメージでも構わない。「こうなったらいい」「こうなってほしい」という願望からスタートして構わない。

そして創造プロセスが始まると、目的地の見え方が変わってくる。

具体例をひとつ挙げてみよう。

本書の執筆である。

本書は、出版社の糸賀氏の提案でスタートした。まだタイトルもコンセプトも決まっていなかった。私が過去数十年にわたって学び、現在のさまざまな仕事で応用し、学びたい人に伝えている方法論を、丸ごと書籍でまとめて発表してほしいという依頼だった。具体的な目的地が不明な状態からスタートしている。

そこで編集チームのメンバーとディスカッションを始めた。そして「どんな本ができたらいいのか」「それは誰が読むのか」「読んだ人たちがどんな読書体験をするのか」「本を通じて何を伝えたいのか」などの質問に対する答えを積み重ねていった。

その結果、本書のコンセプトが定義されたのである。

出発点を客観視する作業

次に現在地点、出発点である。本書のテーマであるクリエイティブな意思決定については、すでに体系的なトレーニングが提供されている。したがってトレーニングのコンテンツはカリキュラム化されている。そしてコンテンツの源泉である理論・経験・文献は揃っている。

しかし、トレーニング用のカリキュラムやテキストがあっても、それだけでは書物にはならない。

出発点をきちんと見るためには、目的地から展望する必要がある。最終成果物が出来上がったときのビジョンから見て、現在地点には何が存在し、何が存在しないのか、である。

出発点の見極めが甘いと、緊張構造は緩くなってしまい、創造プロセスが十分に機能しなくなる。出発点を客観視することによって創造プロセスがスタートする。

出発点は常に移り変わっていく

そして現在地点は常に移り変わっていく。

引き続き本書の執筆を例にとろう。

最終成果のコンセプトから、具体的に読者に何が伝わるのかが定義される。その過程で、読者はどんな人なのかが定義され、読者に対してどんなスタイルで語るのかが決定される。続いて章立てが決まり、本の全体像が決定する。

この時点で現在地点は大きく前進している。つまり地図がアップデートされているのだ。

続いて執筆がスタートし、各章の内容が文章になっていく。刻一刻と現在地点は前進していく。目的地から見て現在の出発点がどうなっているのか、定期的にトラッキングされ、調整が入る。何しろ今まで存在しなかった地図なので、最初のラフな描写よりもずっと詳細が描き込まれた地図が出来上がっていく。

創造プロセスは、すなわち学習プロセスだ。出発時には知らなかったことやわからなかったことが、旅の途上で明らかになっていく。すると、新しい知識や情報によって地図が描き換えられていくのである。

地図は土地ではない

ここまで地図とコンパスという比喩で説明してきた。

もちろん、地図とコンパスは比喩である。地図は現実そのものではない。現実を正確に見るためのツールでしかない。

駅から歩いて店に行くのと違うのは、創造プロセスの歩みとともに学習が積み重ねられ、新しい地図ができていくことだ。

もう一度言おう。地図は現実そのものではなく、比喩でしかない。つまり地図は実際の土地ではない。実際の土地、つまり現実が常に主である。もし地図が間違っていたらアップデートしなくてはならない。決して地図と土地を取り違えてはいけない。

山を登っているときに、もし地図が間違っていたら、地図の通りに登り続けるのは命取りになりかねない。現実の土地そのものを観察し、目的地に向かわなくてはならない。

そしてもちろん、場合によってはつくり上げた地図を破り捨ててつくり直す必要もある。

その際に重要なのがコンパスである。

意思決定のコンパスを持つこと

コンパスは方角を示す。自分の行きたい方向を指し示す、基本的な価値にあたる。デジタル意思決定の際に、価値のピラミッドの頂点に定義された要素を思い出してほしい。

価値とは、それを守るため、または増やすために私たちが行動する対象である。たとえば、自由・幸福・健康・信頼・友情・愛情など、私たちの長い人生の中でゆるがせにしたくない価値が存在する。

あるいは、財産・自由時間・影響力・知恵のように、人生を豊かに生きていくために増進したい価値が存在する。

価値の階層の中で何がトップにあり、何がその下にあり、何がさらに下にあるのか。基本的価値が明快に定義されると、意思決定は速やかでかつ正確になる。道に迷ったときに地図を描き直すことも容易になる。

コンパスは地図よりさらに重要なのである。

直線思考から空間思考へ

地図とコンパスを持つことによって、直線的に考えるのではなく、空間的に考えることが可能になる。

意思決定の全体スペースを俯瞰して一望するのだ。

私たちは誰でも、つい目の前の状況に翻弄されてしまいがちになる。目に見える課題や障害に注意を奪われ、わかりやすい選択肢から衝動的に行動し、自分の視野の狭さに気がつかない。

では意思決定するとき、自分がどんな空間にいるのか、どうやって知るのだろうか。特に、複雑な状況や不確実な場面で意思決定するとき、どうやって目的地を見定めたらいいのだろうか。どうやって出発点を見極めたらいいのだろうか。

次章で複雑さについて考えてみよう。私たちが直面する状況の複雑さによって意思決定のアプローチも変わらなくてはならない。ところが私たちは多くの場合その複雑さを理解していない。複雑さを読み解く地図を必要とする所以である。

【直線思考から空間思考へ】

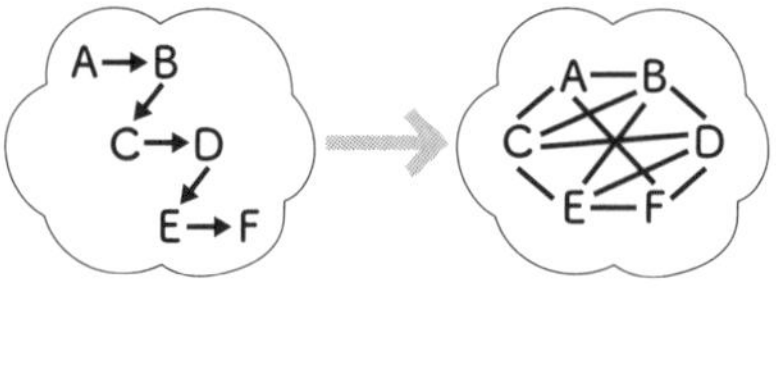

エクササイズ

1．あなたの人生における意思決定のコンパスをスケッチしてみよう。あなたはどんな基本的価値観を持っているのだろうか。

2．コンパスや地図を持つことによってあなたの仕事や生活はどう変わるのだろうか。

第6章
複雑さの地図　カネヴィン思考

私たちは世界をありのままに見ず、
わがままに見ている。

――アナイス・ニン

クリエイティブな意思決定の基本は、目的地と出発点を含む地図を描き、方角を指し示すコンパスを持つことだった。コンパスとは自分が守りたい価値や増やしたい価値の階層であり、出発点は今の現実、目的地は自分が創り出したい成果のビジョンである。

しかし私たちの生きる社会は複雑で、現実を見極めるのは必ずしも容易くない。さまざまな不確実性や複雑さを含んでいて、私たちは現実の客観視からスタートしなくてはならない。

本章では、複雑さを読み解く地図としてのカネヴィンフレームワークを紹介する。カネヴィンフレームワークは、しばしば不可解な現実の中に意味を見出し、私たちの意思決定を強力にサポートしてくれる。

複雑さを観察するための新しいフレームワーク

クリエイティブな意思決定の出発点は今の現実である。しかし今の現実そのものがよく見えない、複雑すぎて把握しきれない、不確実なことばかりで先のことがわからない、ということが多い。

「複雑で不確実な状況に置かれた人や組織は、どうやって創造的で長続きする変化を実現できるのだろうか」

私がカネヴィンフレームワークに出会ったときの問題意識はこれである。

2005年9月にウィーンで開催された第2回組織学習学会カンファレンスで初めてカネヴィンフレームワークを知ることになった。

それまで私は複雑なシステムを解明するアプローチとして知られるシステム思考（システムダイナミクス）を学び、私の本業である組織開発や人材育成・リーダーシップ開発に活かそうとしていた。

ジェイ・フォレスターの創始したシステム思考は素晴らしい方法論だ。工学をバックグラウンドにして複雑な世界を分析し、因果の連鎖を目に見える地図に変えていくツール群を発展させている。

しかし教室や教科書で学ぶシステム論が、現場や職場で使えない。アカデミックな学びが実際に活かせない。そういう不満の声を聞くことが多い。

もともと私の関心は学校や教室の中での学びではなく、現実の世界を良いものに変えていくための学びにあった。だから長い時間をかけて難しい理論を学んだのに現実に応用できないでいる人たちを見るのが歯痒かった。

ところが、カネヴィンフレームワークは、現実の複雑さをよく観察し、その複雑さの度合いや種類に応じて思考や行動を変えることを教えてくれた。場に応じて意思決定の仕方を変えたほうがいい。

カネヴィンフレームワークはアカデミックな複雑系の理論と、実用的な経営の現場との間に、見事な橋をかけてくれたのである。

この新しいフレームワークを用いた思考法のことを「カネヴィン思考」と呼ぶことにする。

カネヴィンとはどういう意味なのか、そしてカネヴィン思考によってクリエイティブな意思決定がどう可能になるのかについて詳しく見ていきたい。

「今どこにいるのか」私たちはわかっていない

カネヴィンとはウェールズ語で、私たちの生息する居場所のことを指す。このフレームワークを開発し、自ら命名したデイヴ・スノーデン（ウェールズ出身）に聞くと、もともとは日本の野中郁次郎氏によるSECI《セキ》モデル（場の理論）に触発されたのだという。

私たちは自分のまわりで何が起こっているのか、わかっていないことが多い。わかっていないにもかかわらず、わかっているつもりで意思決定し、わかっているつもりで行動してしまう。無知の無自覚が意思決定を狂わせる元凶だ。

わかりやすい極端な例を挙げよう。

歴史に前例のない先の見えない状況で、「自分の経験から、こういうときは思い切って前に進むのがいい」と言って無鉄砲にリスクをとってしまう冒険者たち。

逆に同じ状況で、「どんなリスクがあるのか調べ尽くして徹底的に分析してからでなければ決定できない」と分析過剰症候群に陥る分析家たち。

あるいは、新しい事業・製品・サービスを開発しているときに、「ベストプラクティスに従って計画しろ」「いつペイオフするのか数値化しろ」「失敗しないように実行しろ」など既存の事業・製品・サービスに対する基準を強要する経営者たち。

あるいは、専門家を雇って分析すれば方法が判明する状況なのに、自分たちだけで試行錯誤を重ね、釣り合わない資金や時間を投入してしまう起業家たち。

これらは全て、今の状況がわかっていないのに、わかっていると思い込んでいるために起こっている錯誤である。

デイヴ・スノーデンは、「コースに合ったホースを」（horses for the courses）という英語の諺《ことわざ》の教える知恵こそがカネヴィンフレームワークの眼目だと言う。乾いた地面を走るのが得意な馬もいれば、湿った地面を走るのが得意な馬もいる。人にも道具にも得意不得意がある。

つまり、今いる場所（カネヴィン）がどんな場所なのか、その場所に見合った思考法・意思決定方法はどうあるべきなのか、を知ることができれば、私たちは適材適所の「馬」を活用することができるのだ。

カネヴィン思考の第一歩は、意思決定しようとしている自分が「今どこにいるのかを知らない」と自覚することである。

ここからカネヴィンフレームワークの5つの領域を詳しく見ていこう。

複雑さには種類があって、読み解くことができる

スタート地点では、まだ自分が「今どこにいるか」をわかっていない。現在地は「謎」である。あるいは混乱しているかもしれない。

そこで今いる場所をよく観察すると、もしかしたらそこは因果関係が明白で、自明で、単純な場所かもし

【カネヴィンフレームワーク】

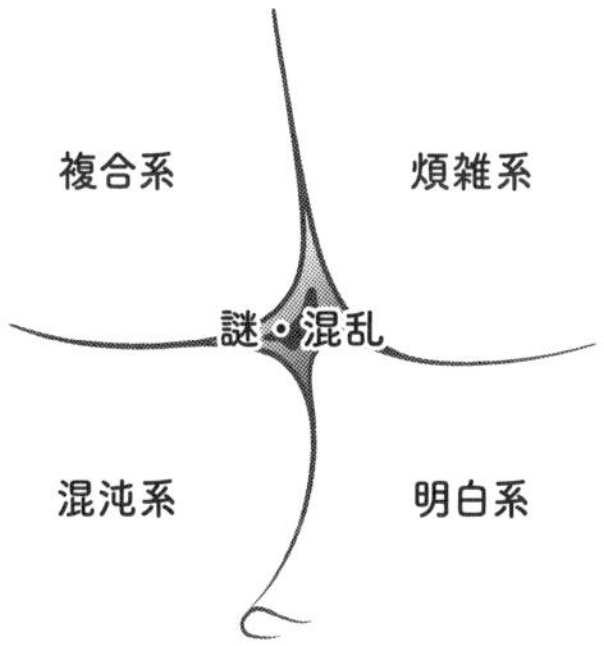

れない。もしそうであれば、そこはカネヴィン用語で言う明白系（明白なシステム）である。明白系においては、よく見れば何をすべきかわかる。決まったやり方やベストプラクティスが存在する。標準的な手続きに従って正しく決定すればいい。

例を挙げると、レシピを見て簡単な料理をつくるようなケースだ。

もう大昔のことだが、家でチャーハンをつくって長男に食べさせたとき、「おとうさん、チャーハンのつくり方をネットで調べたほうがいいよ」と言われたことがある。私はなんとなく自分の感覚でご飯を炒めたのだが、チャーハンの炒め方だったらレシピがあって、火の使い方や調味料の使い方が書いてある。レシピに従って順序正しく調理したほうがうまくできるというわけだ。実際、レシピを参照して炒めただけで相当マシなチャーハンをつくることができた。

一方、観察してもよくわからず、専門家が見ればわかるというケースもある。そこでは因果関係が煩雑で、込み入っており、簡単にはわからないが、専門技術や分析によって正確に読み解くことができる領域だ。もしそうであれば、そこはカネヴィン用語で言う煩雑系（煩雑なシステム）である。

たとえていうと、レントゲン写真やＭＲＩ検査の画像である。

煩雑系では分析や専門家を使うのがポイントである。もし自分が専門家なら、必要なデータさえあれば正しい判断を下すことができる。もし自分が専門家でないなら、専門家に依頼して正しい判断を下すことができる。分析もせず、専門知識もなしに、自力で正解にたどり着くのは難しいが、因果関係に再現性があり、何らかの正解が存在する領域である。

次に、分析や専門家では解答を導き出せない複雑さがある。因果関係に再現性がない状況である。全く体験したことのない新しい状況で、これまでの知識や経験則が役に立たないばかりか、むしろ足枷になる。因果関係は事後的に分析できても、そのときリアルタイムには判断できない。もしそうなら、そこは複合系（複合的なシステム）である。

私たちの仕事や人生におけるさまざまな状況が複合系に当てはまる。複合系には正解が存在しない。実験や試行錯誤によって私たち自身が新しい知識を発見し、新しい答えを創り出していかなくてはならない。

最後に、因果関係がまるで不明でランダムな状況がカオス、混沌系（混沌としたシステム）である。

混沌系は、多くの場合、意に反して到来する。突然の天変地異、テロや戦争、あるいはまるで戦場のような極度の混乱、秩序の崩壊である。

企業組織が官僚的になり、大企業病にかかり、あたかも全てが既存のルールで動いているかのように硬直化すると、環境に適合していないことに無自覚になり、突然破綻することがある。組織の外部環境が変化しているのに、組織の内部がそれに応じた変化をしておらず、危機に陥るのだ。これは混沌系の例である。

混沌系は多くの場合、秩序を喪失した危機状態であり、危険な領域だ。しかし危機は（よく言われるように）潜在的な機会でもある。破壊によって失われるものがあると同時に、新たなチャンスが訪れていることも多い。

また、混沌系は意図的に利用することもできる。新しいシステムを構築したいのに古いシステムが居座っていて、変化を起こすのが難しいとき、戦略的にカオスを歓迎し、新しい秩序の構築を図るケースである。

以上、カネヴィンフレームワークにおける5つの領域を駆け足で紹介した。

謎・混乱（Aporetic/Confused）、続いて明白系（Clear Systems）・煩雑系（Complicated Systems）・複合系（Complex Systems）・混沌系（Chaotic Systems）の4つの系である。

「コースに合ったホースを」の精神で見るなら、「今どこにいるのか」を見極めることによって、私たちは意思決定や行動をより効果的に選択できるようになる。

「今どこにいるのか」を見極めず、自分の思い込みで領域（カネヴィン）をわかったつもりでいるのは危険である。ひとつの領域で有効な行動が、別の領域では命取りになりかねないからである。

自分の居場所を確かめ、アプローチを変える

カネヴィン思考によって複雑な状況を理解し、クリエイティブな意思決定を下すことが可能になる。それだけでなく、私たちがすでに手にしているツールやメソッドを、的確に活用することもできるようになる。「コースに合ったホースを」使えるようになるのだ。

私たちの世界は常に複雑さや不確実性に覆われている。安定した秩序的な世界で有効なアプローチが、不安定で非秩序的な世界では逆効果になる。

前述の通り、私たちは当初から自分の居場所(カネヴィン)を正確に知っているわけではない。自分の馴染みの場所にいると思い込んでいるだけかもしれない。そこでカネヴィンフレームワークを使って状況を見極めることが役に立つのだ。

自分が今どの系にいるのかどうやってわかるのだろうか。新しい状況に直面したとき立ち止まって確かめてみよう。カネヴィンフレームワークの4つの系の特徴を対比する。

明白系――原因と結果のパターンが誰の目にも明白で、再現性がある。
煩雑系――誰の目にも明白ではなく、調査や分析によって理解できる。
複合系――因果関係が複雑で、後知恵でしか理解することができない。
混沌系――因果関係は解明不可能で、危険で、長居する場所ではない。

4つの系における有効なアプローチを対比してみる。

明白系——ベストプラクティス。標準的ルール。マニュアル。実行する。
煩雑系——専門家に相談。調べて分析する。プロジェクト管理。PDCA。
複合系——直観的なアクション。試行錯誤。セイフフェイルな探索実験。
混沌系——即断即決。ダメージコントロール。秩序回復。複合系に移行。

（『不確実な世界を確実に生きる　カネヴィンフレームワーク入門』第1章参照）

この4つの系の違い、特に複合系をしっかり理解しておきたい。

フレームワークの右側に位置する明白系・煩雑系は、ともに秩序が安定していて因果関係を理解できる。このふたつの系を「秩序系（Ordered Systems）」と呼ぶ。

左側に位置する複合系・混沌系は、ともに秩序が不安定で因果関係を理解することが困難または不可能だ。このふたつの系をまとめて「非秩序系（Unordered Systems）」と呼ぶ。

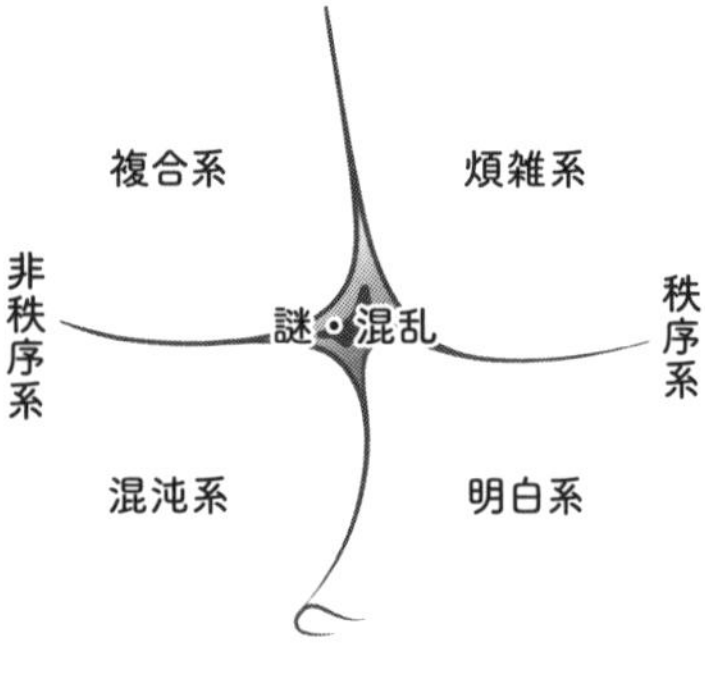

秩序系と非秩序系の大きな違いをハイライトし、意思決定におけるポイントを理解しておこう。

経営コンサルタントの河瀬誠氏は、企業におけるオペレーションとイノベーションとを区別し、オペレーションの考え方でイノベーションは不可能だ、と断言する。

これは当然である。そしてビジネスにおけるオペレーションとイノベーションの違いを理解すると、それは秩序系（明白系と煩雑系）と非秩序系（複合系と混沌系）の区別を理解することにもつながるから、ここで少し詳しく説明する。

複合系で「間違い」は必至であるばかりか有益

オペレーションにおいて失敗はゼロに近づけるべきものだ。ミスを犯さないように正確に計算し、エラーが起こらないように手続きを機械化し、間違いのないように仕事を管理する。もし失敗があったら必ず振り返って分析し、失敗から学習し、今後は二度と同じ失敗を繰り返さないようにする。

明白系・煩雑系しか知らない人たちは、世界はこのようなものだと思い込み、仕事とは失敗しないようにするものだと信じ込んでいる。

しかし複合系は全く違う。非秩序系である複合系には再現性がない。そして複合系こそイノベーションの生まれる場所である。

イノベーションとは「失敗」の連続だ。次々と新たな試みを行い、次々と失敗を重ねる。因果関係は繰り返さず、失敗を避けることはできない。それどころか、積極的に「失敗」するのが有益なのだ。

ダイソン社の創業者ジェームズ・ダイソンは「成功からイノベーションは生まれない。失敗から学ぶことを通してのみ進歩が可能だ」と言い、失敗の価値を強調する。

多くの企業においてイノベーションが起こらない最大の要因は、「失敗しないように」していることだ。つまり、オペレーションのルールではイノベーションは起こらないのである。

これは企業組織だけの話ではない。

私たちが新しい試みをするとき、成功のレシピは存在しない。こうすればうまく行く、という確約はない。やってみなければわからない。実際に少しやってみて、うまくいかなかったら失敗から学び、次のアクションを考える。うまくいったらその成果を土台にして、次のアクションを考える。創造プロセスの緊張構造の中で、次々とアクションを調整し、現実認識をアップデートし、ビジョンを明らかにして前進していく。

これは複合系の考え方だ。秩序系における正解探しとは趣を異にする。

カネヴィン思考では「安全な失敗《セイフフェイル》」という印象的な呼び方で試行錯誤を推奨する。フェイルセイフ（fail-safe）ではなく、セイフフェイル（safe-fail）である。

安全な失敗《セイフフェイル》の進め方

「やってみないとわからない」
「試しに何かをやってみよう」
「試行錯誤から学んでみよう」

複合系にいると思われるときにやってほしいのは、安全な失敗《セイフフェイル》の探求である。これはひとりでも、ふたりでも、チームでも実行可能だ。

まず、短期間・小規模・低予算で実験をすると決める。

次に、安全な失敗《セイフフェイル》によって何を明らかにしたいのか、目的を決める。

そして実行可能なアイデアをいくつか出していく。アイデアの中には「これはきっと失敗するだろう」と思われるものを含めること。意外なことに「失敗するだろう」と考えた実験から意外な結果が生まれ、成功につながることも少なくない。

また、あえてリスクをとること、冒険することも必要だ。安全な失敗《セイフフェイル》の意味は、失敗《フェイル》したとしても大きな危険を冒さないということだ。だからといってあまりにも安全で当たり障りのない探索ではつまらない。短期間・小規模・低予算の範囲内で、少し思い切った選択肢も考えてみるといい。

間接的なアプローチや素人考えを大事にすること。先の見えない複合的な状況では、直接的な問題解決がうまくいかない。また、既存の専門知識がかえって役に立たず、新しい発想を妨げていることがある。前例に囚われない素人の発想が突破口になることがある。門外漢の素人のように考える、または、チームの中に素人を呼び込んで重用するのも手だ。

【安全な失敗《セイフフェイル》のワークシート】

探索の名称	
探索の詳細	探索の理由
成功のサイン	失敗のサイン
増幅アクション	抑制アクション
間接性・「素人目」性	アクション

ワークシートの記入要素

探索の名称――何を調査するのかを正確に記載する。

探索の詳細――提案する調査の内容を記述する。

探索の理由――なぜこの探索を行うのかの論拠や、今の問題全体に対してこの探索がどう関連するのかを書く。この探索こそ正解なのだと正当化することではなく、なぜこの探索が状況の理解につながると考えられるのかを説明するのが目的である。もし明解に説明できなければ、提案の土台となる根拠がないことを意味する。

成功のサイン——この探索が成功したかどうか、何をもって知覚することができるか、成功を示すサインにはどのようなものがあるかを明らかにする。

増幅アクション——もし探索が成功した場合、より成果を高めるために、次にとるべきアクションにはどのようなものがあるかをここに挙げる。

失敗のサイン——この探索が失敗したことを感知できるサインを明らかにする。単に成功のサインの逆ではない場合があることに注意しよう。

抑制アクション——もし探索が失敗した兆候が見られた場合に、次にとるべきアクションを明らかにする。複合系においては、探索を中止するだけでは不十分で、探索によって生じた影響を抑制するために新たなアクションを起こさなくてはならない場合もあるだろう。

間接性——間接性を検証する。この探索は問題に対して間接的だろうか。間接的であれば、どのようにそうなのか。関連する別の問題として、どのような問題を置いているのか。

「素人目」性――「素人目」性を検証する。この探索は「素人目」のやり方だろうか。そうであれば、どのようにそうなのか。どのような他の視点を借りてきているのか。

アクション――この探索を実行するために、実際に行うアクションの詳細を記述する。役割分担や必要コストなどについても記述する。

（『不確実な世界を確実に生きる　カネヴィンフレームワークへの招待』第４章参照）

失敗を怖れず、目的を絞って挑戦する

安全な失敗《セイフフェイル》は複合系においてとても有効だ。というより、安全な失敗《セイフフェイル》の探索をしないことによって時間だけがすぎていき、機会を損失していると言ってもいい。

これは秩序系でずっと仕事をしてきて、「失敗しない」ことを大切にしてきた人たちにはなかなか受け入れられない実践方法でもある。「やってみないとわからない」のだから「とにかくやってみよう」というロジックがまるで通じない人たちがいる。

ひとつは「失敗を怖れる」人たちだ。

失敗すれば減点される環境にいる場合、この人たちを責めることはできない。企業がイノベーションを促進すると言いながら、果敢にトライした人が「失敗」したときに悪い評

価を下すなら、従業員が自分の不利益になるような挑戦に尻込みしたとしても不思議ではない。

1999年に心理的安全性というコンセプトを提唱したことで知られるエイミー・エドモンソンが、彼女の研究のきっかけになった現象を紹介している。複数の病院で半年にわたって多くのチームの医療ミスの数を分析したところ、意外なことに優れた医療チームほど多くのミスを報告していたという。優れたチームほどオープンな環境で現実をストレートに話し合い、間違いを認めながら共同作業を進めているのである。

もちろん環境ばかりを責めるわけにもいかない。これまで「失敗しないこと」を大切にして仕事をしてきた人が、「失敗しても安全だから、もっとどんどんチャレンジしよう」と言われても、すぐに習慣を変えることは難しい。

だから安全な失敗《セイフフェイル》を実行するときは、失敗しても安全であることを保証するばかりではなく、何のために安全な失敗《セイフフェイル》を行うのか、その目的を明確に理解し、共有していることが大切だ。

もうひとつは「分析を過信する」人たちだ。

研究者、アナリスト、コンサルタントなどの中には、自分の専門分野における分析作業によってこれまでの実績と実力を築いてきた人たちがいる。彼らは新しい状況においてもとにかくデータを収集し、徹底的に分析し、自分の技術や知識を総動員して正しい答えを見出すことに慣れている。調査・分析によって正解を導き出す。これは煩雑系（秩序系）における優れたアプローチだが、複合系（非秩序系）では機能しない。

しかし煩雑系の申し子である人たちは、「やってみなければわからない」という可能性を受け入れることが難しい。正しい分析を行い、正しい計画を立て、正しく実行するべきだ、と固く信じている。彼らの多くは安全な失敗《セイフフェイル》の概念そのものを受け入れることができない。

安全な失敗《セイフフェイル》は「成功する」ためのプランではなく、状況に介入することによって新たな発見を可能にするための実験だ。複合系では、相容れない複数の仮説が同時に成り立っている。安全な失敗《セイフフェイル》によって仮説を検証し、新たなデータを手に入れ、軌道を修正していくことができる。調査分析や既存の専門知識だけでは打破できない局面で、ほとんど唯一有効なアプローチと言える。

混沌系は危険な領域だが、戦略的に活用できる

イギリスの首相を務めたウィンストン・チャーチルの言葉に「危機を無駄にするな」というものがある。危機は有効に活用できるかもしれない。ただ管理したり回避したりするのではなく、危機によって浮上する機会を見逃すなというのである。

皆さんにも大小の経験があることだろう。仕事や生活で想定外の事件や事故が起こり、

切羽詰まった状況に直面したとき、それが思いもかけぬチャンスになるという経験である。

転んでもただでは起きない。倒れても土をつかむ。ピンチの中にチャンスあり。災い転じて福となす。

危機が潜在的な好機たりうることを表す表現は無数にあり、私たちは経験や観察からそれを知っている。

もちろん危機は望ましくない。できれば回避したいものだし、もし到来したらできるだけ早く脱出し、制御すべきだ。人は混沌系に長く生息することはできない。生物が長く生き延びるには、ある程度安定した秩序のある環境が必要なのだ。

しかし混沌系には戦略的な使い道があることも古来よく知られている。カネヴィン思考では「混沌系に浅く飛び込む」と呼んでいる。

混沌系に浅く飛び込む

秩序を破壊して新しい秩序を構築する。そのために政治や国際紛争ではさまざまな陽動作戦が行われる。事変やテロを引き起こしておいて、どさくさに紛れて平時にはできなかったことを実行する例は枚挙にいとまがない。暴動を扇動して革命を起こしたり、クーデターによって政権を奪取したりするケースは21世紀の現在でも珍しくない。極端な秩序の破壊を行えば回復不可能なダメージを与えてしまうリスクがある。

そこまで物騒なことをせず「混沌系に浅く飛び込む」戦略は可能だ。思考や言動が硬直化しているとき、既存の秩序を壊して発想を解放し、実験や試行錯誤のできる複合系に移行するのである。

映画『今を生きる』(原題『Dead Poets Society』)の中で、ロビン・ウィリアムズ演じる新任の英語教師キーティングは、窮屈なルールで締め付けられた教室の生徒たちに教科書のページを破り捨てさせ、机の上に立たせ、教室の外で授業をする。学校のルールを無視した型破りな教え方に生徒たちは戸惑うが、ほどなく自分の頭で考え、自分の望みを見出すようになる。

これは「混沌系に浅く飛び込む」例と言える。キーティングは教室の秩序を一時的に軽く破壊し、それまでの常識を打ち破ることによって、生徒たちに新しい視野を与え、一から自分で考えることを教えたのである。

こうした例はビジネスにも数多く存在する。

私の企業のクライアントに型破りな傑物がいた。その人には決断力があり、実行力があり、人望もあった。組織を牽引するパワーがあり、戦略を考える頭脳もあった。しかしあまりに力があったために組織がトップに依存する体質になりやすく、後継者を育成する上でマイナスになりかねない。よくある組織のリーダー依存である。

そこでその人物が提案したのが、ナンバーツーの女性の部下とデスクを交換する、という荒技である。部下は最初、ボスが冗談を言い出したのだと思った。そして彼が本気だとわかると目を丸くした。デスクを交換するというのは机を交換するばかりではなく、メールアドレスも交換すると言うのだ。ボスに届いたメールにはナンバーツーの女性が返信する。ナンバーツーの女性に届いたメールにはボスが返信する。ボスの許可はナンバーツーの女性が、ナンバーツーの許可はボスがハンコを押す。

ボスがどこまで本気なのかが伝わり、部下も本気で想像せざるをえない。軽く混沌系に飛び込み、複合系に浮かび上がってきて、現実的な試行錯誤が始まった。

私自身も状況を見て浅く飛び込む演習を実行に移している。

たとえば、クールビズと言われる夏季のカジュアルウェアが日本で広がるよりも何年も前の話だ。ある日突然カジュアルなシャツを着て出社し、そのままTシャツで仕事を続けたことがある。当時は暑い夏の日でもスーツにネクタイで仕事をするのがビジネス界の常識だった。しかし窮屈な服装は生産性を下げ、創造性を削ぐことにつながる。「社内ではカジュアルウェアを許すことにしよう」と提案し、社内の関係者の合意を図り、了承が得られた上で実行するのが組織人の常識かもしれない。私はその常識をすっ飛ばし、食事の席でひとりの役員の合意を得ただけで（「いいですよ、カジュアルで」のひと言）すぐに実行に移した。

これは些細な例だが、目で見てすぐにわかる変化を職場にもたらすという意味では効果的だった。

また別のときには、まだ実績のない若手に重要な任務を与え、明確な期限を切って全面的に権限を譲渡する、という冒険もやったことがある。もちろん若手の部下に潜在的な実力があると踏んだ上での決定だが、何の実績もなく、期限までに結果を出せないリスクがある。結果が出なければ業務に支障を生じるリスクがある。本人だけでなく、周囲の人間たちも一時的に混乱に陥った。

しかし混乱が落ち着いたあとは、若手社員の並外れた努力と周囲の人間たちの温かいサポートの賜物で一定の成果をあげ、それは本人だけでなく組織にとっての自信と実績につながったのである。

浮かんでこられない茹《ゆ》でガエルの悲劇

混沌系に浅く飛び込むのは戦略的に危機を演出して秩序を揺るがすアプローチだが、用心深く行う必要がある。浅く飛び込んだつもりが案に相違して深く潜ってしまい、浮かんでこられなくなるリスクもある。

経営改革を推し進めようと腕まくりして幹部を招集したのはいいものの、合意形成に失敗して変革が白紙に戻った。推進者は再び挑戦すればいいと思っていたが、次のチャンスは与えられなかった。これは飛び込んだはいいが、浮かび上がってこられなかった例である。

計画的にリスクをとるときは、必ず失敗シナリオにおける挽回策を用意しておくべきだ。

しかし、もっと危険なのはリスクをとらずに現状に甘んじてしまうことだ。これを昔から「茹《ゆ》でガエルの悲劇」と言う。カエルを熱いお湯に入れたら驚いて飛び出して難を逃れるが、ぬるま湯に入れて少しずつ水温を上げていくと致命的な高温になるまで気づかず、気づいたときには茹で上がってしまうという悲劇的な現象である（これは実際にカエルを使った残酷な実験ではなく、あくまでも世間に流布したたとえ話だ）。

カネヴィンフレームワークで言う明白系に安住した企業が、あまりにも自社の成功に安住してしまい、外部環境の変化に気づかないまま時代に乗り遅れ、気がついたときは混沌系に墜落してしまう。茹でガエルの悲劇である。

イノベーションを生み出そう、新規事業を開発しよう、と志を立てた企業が、事業計画を策定する過程でキャッシュフローの計算を行い、既存事業に対する評価基準と同じ物差しで新規事業を評価し、有望な企画をゴミ箱に捨ててしまう。彼らは自分が茹でガエルになっていることに気づいていない。大真面目に自分の仕事と思った任務を果たしているだけだ。

成功するためには失敗しなくてはならない。イノベーションは明白系における常識を打ち破るものだ。茹でガエルの悲劇は空想的な実験に留まるものではなく、今まさにあなたの組織で起こっているのかもしれない。

イノベーションが常に素晴らしいわけではない

イノベーションの多くは現在の常識を破り、新しいルールを打ち立てるものだ。もしあなたが既存の秩序に縛られていて新しい発想や行動が妨げられていることに気づいたら、「混沌系に浅く飛び込む」戦略を考えてみるのも一案である。ただし、そのときは早い段階で複合系に浮かび上がってくる必要がある。そのまま混沌系に沈んでいったら元も子もない。人は混沌系で長く生き続けることができない。あくまでも一時的で戦略的な突入にしておいたほうがいい。

このことは複合系にも部分的に当てはまる。イノベーションが常に素晴らしいものではないということだ。

その性格上、イノベーションの試みの大半は失敗に終わる。失敗に失敗を重ね、失敗の経験から学び続けた挙句に、多くの試みのごく一部が優れた結果を生むのだ。

裏を返せば、ひとつの成功の裏には無数の失敗の歴史がある。

企業の中には常にイノベーションを志向し、数多くの失敗を怖れずに発明や変革を成し遂げる組織もある。一方で、イノベーション比率の高いベンチャー企業・スタートアップ企業の多くは、長期にわたる成功を支えきれずに歴史から消えていく。

健全な組織は複合系（非秩序系）と煩雑系（秩序系）を行き来している。複合系で生まれたイノベーションをビジネス戦略で活用して煩雑系で競争優位を保ちつつ、次のイノベーションに挑戦し続ける。

冒険と安定を行ったり来たりする

私たちの人生や職業キャリアにも同じ原則が当てはまる。複合系の冒険と煩雑系の安定の往復やバランスが求められる。

人生やキャリアには安定が必要だ。安定した秩序があってこそ計画が可能になり、落ち着いて将来目標を立てることもできる。

しかし安定ばかりを求めるのは退屈だ。それに、一度確立した秩序に安住しようとすれば、その秩序は脆弱になり、危機にさらされる。安定を志向することは、すなわち不安定を招いてしまう。

したがって、仕事にも生活にもある種の冒険や実験

【複合系と煩雑系の往復】

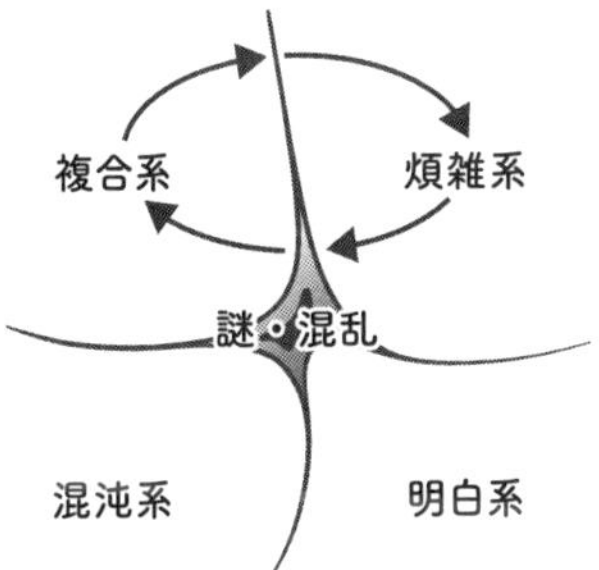

が欠かせない。放っておいたら秩序はやがて崩壊する。私たちは健全な企業のように、あるレベルでイノベーションを求め、変革を志向したほうがいい。

そのためにはカネヴィン思考が役に立つ。今どこにいるのか。秩序系なのか、非秩序系なのか。分析と専門知識を駆使すべき煩雑系なのか。それとも実験や試行錯誤を行うべき複合系なのか。

そして自分はどこへ行きたいのか。クリエイティブな意思決定の最初の問いはこれである。「どんな結果を創り出したいのか」と自問自答する。そして、目的次第では安定している仕事や生活を揺るがしてあえて複合系に移行する。場合によっては意図的に浅く混沌系に飛び込み、既存の秩序や自分の思い込みを脱構築する。そして安全な失敗《セイフフェイル》によって新たな領域を探索する。

では不透明で不確実な世界において、自分がどこに行きたいのかをどうやって知ったらいいのだろうか。

未来予測は当たらない

先が読めない。予測が外れる。想定外のことが発生する。因果関係に再現性がない非秩序系では当然のことだ。

もちろん不確実な世界でも予見できることはたくさんある。私自身は多くの専門家や賢人の未来予測に常に関心を持ち、自分なりに未来予測をしている。

しかし複合系において予測以上に大切なのが想像だ。「もし〜だったら？」と空想を広げるのである。

フランスの歴史人口学者エマニュエル・トッドは、未来を空想することの重要性に触れ、「政治指導者はSF小説を読むべきだ」と言っている。

サイエンスフィクションは科学に基づいた空想の物語だ。科学者が事実に基づいた研究に自分たちの発言を限定するのに対し、SF作家たちは自由に空想を繰り広げ、まだありえない世界を描き出す。カミュ『ペスト』、小松左京『復活の日』などをはじめとする優れた小説がパンデミックの危機を鮮やかに描いている。ダン・ブラウン『オリジン』は高度に発達した人工知能ウィンストンの魅力と脅威をリアルに表現している。

不確実な世界を生きる私たちが「自分はどこに行きたいのか」を考えるとき、今のリアリティをさまざまな角度から捉え直し、現在に潜む進化の可能性を探索する必要がある。

未来の萌芽はいつも現在に潜んでいる。ただ私たちがそれに気づかないだけだ。

天国・地獄・サイドキャスティング

今のリアリティを多角的に捉え直すための極めて効果的な方法に「未来から逆行する」というアプローチがある。

従来的な予測がフォアキャスティングであるのに対し、未来から現在を展望する方法は「バックキャスティング」と呼ばれる。後知恵でしかわからないことをわかるためにはいったん未来へ時間旅行してしまい、未来から振り返って現在を観察しようというわけだ。

ここで紹介する方法はバックキャスティングの手法を超えたサイドキャスティングである。ありえない未来への道を、時間を遡行するやり方で複数描き出し、多元的な因果関係を俯瞰して一望することによって洞察を得るゲームである。

理解を深めて洞察を得たいテーマを決め、できれば3人・4人などのチームで取り組んでみてほしい。このプロセスに習熟したらひとりで演習することもできる。

この演習を行うときは、大きな模造紙、正方形か正六角形の付箋、ペンを用意しておく。オンラインで行うときはネット上のホワイトボードに付箋を置いて書き込めるようにするといい。ここで簡単に手順を説明するので、イメージしてもらい、実際にやるときはもう一度読んでもらうといいだろう。

1．まず現在を観察する

今の現実を特徴づける要素は何だろうか。いくつか挙げてみよう。自分の会社、組織、業界、コミュニティなどを、知らない人に3つか4つのキーワードで説明するとしたら、何と説明するだろうか。

定量的な描写と定性的な描写の両方を含めるといい。たとえば、売上規模・人員規模、市場シェア・成長率などのように数字で描写できる要素もあれば、社内の雰囲気・組織風土、人間関係・人材育成制度のように数値化しにくい要素もある。

2．時間を遡って原因を探る
今の現実で起こっていることには原因がある。現状の特徴が形成されるに至ったのは何があったからなのだろうか。ひとつの出来事にはたいてい複数の原因がある。一つひとつ原因を遡っていく。

たとえばあなたの会社で大企業病が進んでいたとしたら、それはいつからなのか。変化の前にどんな意思決定があったのか。どんな内部・外部環境の変化があったのか。社長の交代があったのか。買収合併があったのか。技術変革や市場の変化があったのか。社会経済的・政治的環境の変化があったのか。

3．未来を空想する
ふたつの極端な未来を空想する。ひとつは天国。ありえないほどあらゆることが素晴らしい変化を遂げている空想の未来である。もうひとつは地獄。ありえないほどあらゆることが悲惨な変化を遂げている空想の未来だ。

企業のビジネス戦略構想で「天国を思い描いてください」と頼むと「売上利益10倍」「業界トップ」「グローバルな支配」などが出てくるが、そこで止まらず、ありえないほど素晴らしい変化を想像するように促す。「地獄を思い描いてください」と頼むと「倒産」「不祥事」「ブラック職場」などが出てくるが、ありえないほど悲惨な変化はそこで止まるものではない。

ふだん私たちは常識的な可能性の世界に住んでいる。ここでやりたいことは、日常の思考の枠を超越することだ。空想小説を読むことがいいトレーニングになるのは、日常生活の常識を軽々と超える奇想天外な出来事がリアルに体感できるからである。

クリストファー・ノーラン監督の映画『TENET テネット』は、未来から現在へと、まさに時間を逆行するという非常識な現象が、あたかも実際の出来事であるかのように映像化された傑作だ。あまりに難解なため、一度観ただけでは理解が追いつかず、二度三度と映画館に足を運ぶ観客も多かったという。

映画や小説の助けも借りながら、クリエイティブな意思決定のために日頃から空想をたくましくしておくといいだろう。

4. 未来から時間を逆行する

天国と地獄の特徴を描写できたら、それぞれの空想の未来から一歩ずつ時間を逆行していく。

「こんな未来が起こったのにはどういう原因があるのか」と、実際に天国や地獄が姿を現したと空想したまま時間を遡り、原因を探るのである。これを現実の現在を通り越して過去にまで逆行していく。

途中「奇跡」が起こったり「ブラックスワン」が起こったりすることもある。奇跡とは普通の常識では理解できないような素晴らしい出来事であり、ブラックスワンとはありえないと思われるほど確率の極めて低い大惨事や危機のことを言う。

5．現在・過去・未来の地図を俯瞰して展望を得る

この演習のポイントは、日頃の思考習慣の枠をぶち破ることだった。今の現在の枠の中で常識的に思考していたのに対して、途方もなく幅広い未来の空想から逆行して見えた風景はどうだっただろうか。

未来の萌芽は現在に潜んでいる。「ありえない」と思った空想の世界は、ちょうど優れたSF作家たちが小説作品に描いたことが現実に到来したように、今の現実の中に潜んでいる。

その視野の中で「自分はどんな世界を創り出したいのか」と自問自答してほしい。

私たちの誰ひとりとして独力で世界を創り出す者はいない。しかし与えられた環境の中で、自分にとって価値のある作品を創り出すことはできる。自分の仕事やキャリア、生活や人生を創り出すことができる。ビジネスやコミュニティを創り出すことができる。未来の歴史に参加し、現在を生きることができる。複雑で不確実な世界に住みながら、私たちは創り出したい未来を創り出すことができるのだ。

次章では、複雑性につきもののリスクという要素を取り上げ、いかに安全かつ冒険的な意思決定が可能かを考えてみたい。

【天国・地獄・サイドキャスティング】

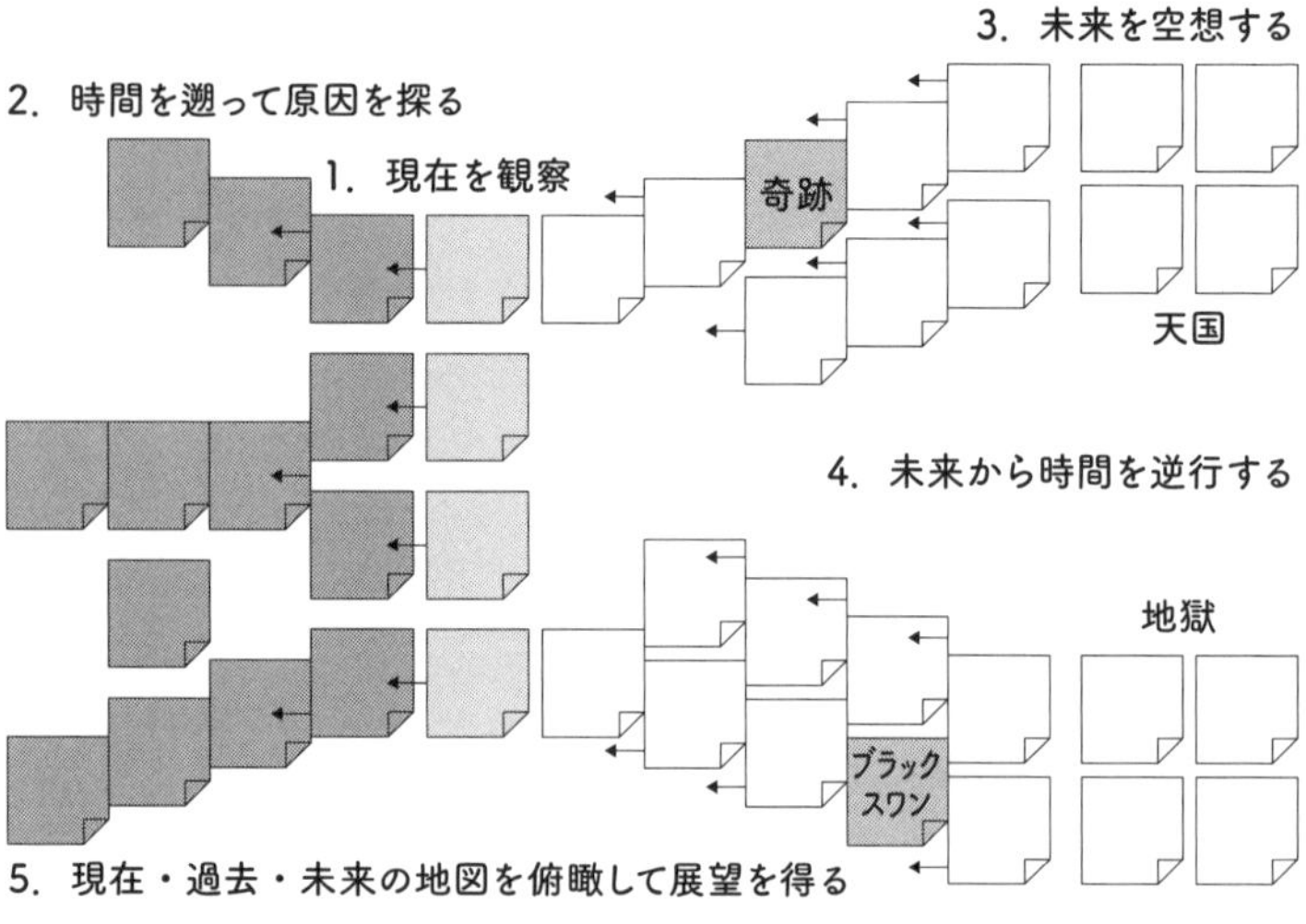

エクササイズ

1. あなたの仕事にはどんな複雑さが存在しているのだろうか。ポストイットに書き出してみよう。

2. 書き出した複雑さを度合いによって並べてみよう。最も複雑なものを左端、最も明白なものを右端に置いてみる。

3. カネヴィンフレームワークの4つの系に入れてみて、それぞれについてどんな意思決定が必要かを考えてみよう。

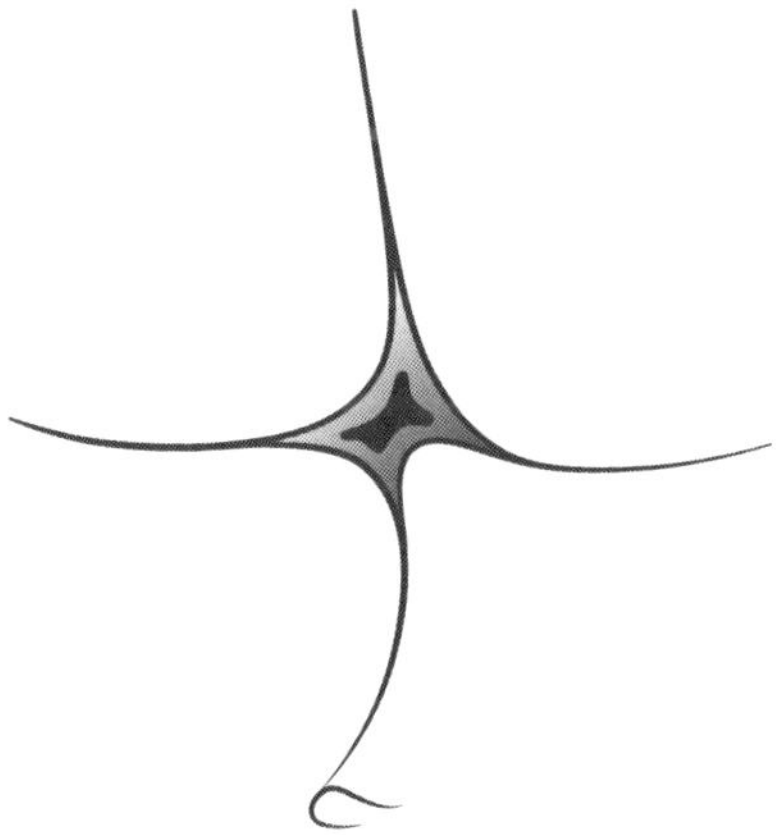

第7章 しなやかでしたたかな反脆弱性

私を殺さないものは私を強くする
――フリードリヒ・ニーチェ

本章のテーマはリスクである。

不確実な世界にリスクはつきものだ。これは特別な危険を伴う特別な職業に限定されるものではない。私たちの仕事や生活は常にリスクにつきまとわれている。ただ安全な秩序系に生息している間はそれにほとんど気がつかない。

私は14歳の頃に伯父の導きで山に登ることをおぼえ、高校の山岳部で登山を始めた。登山においては生き死にのリスクを管理しなくてはならない。悪天候に備え、悪場に備え、体力を温存し、緊急事態を想定する。都会での日常生活とは違う意識と行動を要求される。

地図・コンパス・天気図を持ち、今どこにいるのか、これからどこに行くのか、そのためにどのルートを通るのか、そのルートにはどんな危険があるのか、計画通りにいかないときにはどういう迂回路があるのか。リスクに対する準備なしに山に入ることは自殺行為である。

どんなに準備していても想定外の事故に遭うことがある。高校1年生の夏には南アルプス縦走合宿の初日に記録的な嵐に遭遇した。テント場に張っていた山岳部の古い布地のテントが風で吹き飛ばされて使用不可能になり、一時的に一番近くの山小屋に避難した。その後、手持ちの小さなテントで残りの1週間をやり過ごした経験があった。つまり、計画外だったと同時に、それにも対応可能な装備があったと言える。

一方、危険と隣り合わせの山で過ごす日々は、リスク感覚を高めるだけでなく、判断力・体力・精神的持久力・計画実行力など、里に降りてきてから役に立つスキルを高めることにもなる。

里で学んだことは必ずしも山では役に立たない。山の環境は過酷すぎる。しかし山で学んだことは必ず里でも役に立つ。ストレスにさらされることによって人間の知力や体力は増進する。

山で死んだら元も子もない。多くの登山家や登山愛好家が山を甘く見て命を落としている。しかし山で生き抜いた心や身体は、日常に戻ったときにたくましさを増している。

大事なのは山で死なないことだ。死なないように準備し、生き延びるように行動する。そして怪我も病気もせずに健康に登り続ければ、マイナスはプラスに転じうる。

第2章で紹介したアカデミックディベートのことを、北野宏明氏はかつて「軍事教練のようなものだ」とたとえていた。日常では要求されないような過酷な訓練を課すことによって、日常のビジネスや生活の場面における意思決定力が飛躍的に向上するというのである。

私たちはリスクやストレスを管理するとともに、積極的に活かすことを学ぶ必要がある。

「脆い」の反対は「堅い」ではない

リスクに敏感になることで私たちは潜在的な危険を回避できる。しかし、そればかりではなく、リスクを自覚的に活用することもできる。このことは保険や金融のビジネスにおいては常識に属する。リスクは単なる危険性のことではなく、利益を伴う危険なのだ。言い換えるなら、リスクは常にリターンとセットであり、その組み合わせの性質次第で利益に変えることができるのである。第6章で危機（混沌系）を利用する方法について紹介したが、本章でさらに突っ込んだ探究をしていきたい。

目指すのは「転ばぬ先の杖」ばかりでなく「転んでもただでは起きない」、そして「災い転じて福となす」、つまりマイナスをゼロにするだけでなく、プラスに転じてしまう意思決定の実践と習得である。

この特質を金融トレーダーのナシーム・ニコラス・タレブは「反脆弱性」と呼んでいる。

ナシームは、「脆い」の反対は「堅い」ではなく、「反脆い」だと言うのだ。叩いて壊れるものは脆い、叩いても壊れないものは堅い、そして叩くともっと強くなるものが反脆い、と言う。

リスクを前にして脆弱な状態でいたくはない。少なくとも堅牢な状態でいたい。そして願わくば反脆弱な状態でありたい。つまりリスクを回避するばかりでなく、ある種のリスクを歓迎し、自分のために活かすのである。

それはどうやって可能なのだろうか。

そこから飛び降りたほうがいいのか

2017年の秋にニューヨークでナシームに会った。

「1メートルの高さから飛び降りたら体にいい。10メートルだと大怪我をする。100メートルなら死ぬ」

ナシームはそう言って、簡単に反脆弱性を説明してくれた。

どういうことなのか。

人間の肉体には反脆弱性があるのだ。健康な人が1メートルの高さから地面に飛び降りると、体が軽いダメージを受け、そのダメージから回復しようとする過程で体が丈夫になる。つまりマイナスからプラスに転じるのである。

人間の体は脆い。100メートルの高さから落ちたら修復不可能なダメージを受ける。そして同時に、人間の体は反脆い。軽いストレスやダメージを受けることによって骨も肉も強くなる。

大量の毒は有害だが、少量の毒は薬になりうる

これはホルミシスという現象として知られている。毒を大量に摂取すると有害だが、少量の毒は薬として有益に作用するというものだ。ドイツの毒物学者ヒューゴ・シュルツが多量だと有害な毒が少量だと酵母菌の成長を刺激することを発見したのが最初の科学的説明だとナシームは言う。

さらに言うと、野菜の効能はビタミンや栄養ではなく、野菜が含有する毒を適量だけ摂取することで人間の有機構造が刺激を受け、健康を増進するのだという説もある。

人間の体は、痛みという刺激を受けることで、痛みへの反発という形で強く健やかに変化する。これは第4章で取り上げた緊張解消システムの一種でもある。

ここで重要なことがふたつある。

まず、決して大量の毒を摂取しないことだ。

致死量を摂取したら取り返しのつかないダメージを受け、人は死に向かう。冒してはならないリスクを承知しておくことが絶対に必要だ。

次に、少量の毒が薬になることを知っておき、活用することだ。

反脆弱性のあるシステム、つまり健康な人間の体のようにしなやかでしたたかなシステムにおいては、小さなリスクが大きなリターンを生みうるのである。

なぜコストベネフィット分析が駄目なのか

まず、生き残ること。次に、儲けること。

金融トレーダーのナシームはそう言う。

実際には、計算上の利益に目がくらんだトレーダーや投資家が破産することがある。起こる確率が非常に低いが、もし実際に起こったら目も当てられないほど甚大な被害をもたらすリスクのことを、彼は「ブラックスワン（黒い白鳥）」と呼び、ブラックスワンは社会経済全般で流通する専門用語となった。

リスクをはらむ環境でブラックスワンを無視しては健全な意思決定などできない。

メリットとデメリットを比較して、メリットの確率が高いほうを選ぶ、という素朴なコストベネフィット分析が破綻するのも、極端なリスクを無視しているためだ。

リスクを考えるときに、アンサンブル確率と時間確率の違いを考えろとナシームは言う。これがどういうことか説明しよう。経済学の分野では両者が混同されているのだ。アンサンブル確率とは一般に理解されている確率のことで、ある統計集団《アンサンブル》における確率のことだ。それに対して時間確率とは、ある時間軸における経路依存の確率のことを言う。

たとえば、100人が同じ金額を持ってカジノに1日だけ行き、その中のひとりが破産するとしたら、破産する確率は1パーセントであり、他の99人は破産しない。つまりひとりの破産は他の99人に影響を与えない。それに対して、もしひとりの人間が同じカジノに100日通い続けたとすると、破産する確率は1パーセントではない。どこかで一度破産すればそれで一巻の終わりなのだ。これがアンサンブル確率と時間確率の違いである。

コストベネフィット分析では、時間確率を正当に考えることをしていない。高い確率でメリットがデメリットを上回るという理由でリスクをとってしまいかねない。

まず生き残ること。決して致死量の毒を服用してはいけない。つまり脆い状態を避け、堅い状態にすることだ。反脆くなれるのはそのあとである。

人はなぜ自滅的な決定をしてしまうのか

意思決定は単発で終わるのではなく、蓄積していくものだ。小さなリスクであっても積み重なることで大きなリスクになりかねない。

これは金融業界の特殊環境に限定される珍しい現象ではない。私たちが統計的数字で世界を理解したつもりになっていたら、常に危険を冒している。

いくつか例を挙げて説明しよう。

たとえば飲酒運転である。

ほんの少し酒を飲んだところで、レストランから自宅まで30分クルマを運転するくらいなら大丈夫だ。事故を起こす確率は無視できるくらい低い。そう思って運転する。すると無事に無事故で帰宅する。

味をしめて別の日にも飲酒運転する。やはり事故を起こす確率は無視できるほど低い。個々の運転は確率的に独立事象なのでリスクは蓄積しない、と考えるのは間違いだ。飲酒運転を繰り返していけば、リスクはどんどん高くなっていき、やがて致命的な事故を起こせば一巻の終わりである。

あるいは、ちょっとした嘘はどうだろうか。

少しだけ見栄を張ったり、自分をよく見せようとしたりして嘘をつく。ほんのいたずらのつもりでつまらないつくり話をする。ちっとも大した罪ではない。誰にも被害を与えていない。誰も疑わないし、信用を失うこともなかった。無視できるほど小さいリスクに違いない。

味をしめて少しずつ嘘を重ねる。嘘を隠すために別の嘘をつく。最初の嘘をつきとおすために新しいつくり話や工作をする。だんだん嘘をついていることが日常になる。経歴を詐称する。偉い人や有名な人だってやっていることだ。別に犯罪ではない。

これを繰り返せば、いずれ嘘はバレて信用は失墜する。周囲にいた誠実な人ほど距離を置くようになる。近くに残るのは同じように不正直で不誠実な人たちばかりで、健全な人間関係は崩壊する。

あるいは企業の不祥事である。

悪いことだとわかっている。でもまわりの同僚たちもやっている。不祥事の元は前任者から引き継がれたものかもしれない。それなら次の後任に引き継ぐまで自分が隠し通すだけだ。自分は悪くない。わざわざ世間に暴露して大変な思いをすることはない。毎日、毎日、悪いことだとわかっているが、見ざる聞かざる言わざるを決め込む。

もし運が良ければ自分個人は逃げ切るかもしれない。だが、どこかで確実に破綻する。

「今この1回だけなら大丈夫」という間違い

これらは統計的な世界観の引き起こす悲劇だと言える。

アンサンブル確率と時間確率の混同、つまり「今この1回だけなら大したことないだろう」とたかをくくる間違いだ。「今この1回」が大丈夫だとしても、それが長い時間を経過して蓄積されていったら破綻を免れない。

統計的世界観の間違いを悟り、目を覚まして現実を見る必要がある。

なぜ理性的に見える人たちが自滅的な行動をとるのか。それは時間のリスクを無視しているためだ。意思決定は単発の出来事ではなく、連続するプロセスとして考えるべきなのである。

バーベル戦略の勧め

リスクをヘッジして破滅を回避できたら、反脆弱性を獲得する用意ができた。つまり、いざというときに破滅しない、脆くないポジションができたら、いざというときに反脆いポジションを構築するのである。ダウンサイドを確定してアップサイドを拡大する、バーベル戦略を検討してみよう。

バーベル戦略とは、ナシーム・ニコラス・タレブが著書『ブラック・スワン 不確実性とリスクの本質』(ダイヤモンド社)で紹介している投資戦略だ。投資資金の大部分(85〜90パーセント)を安全性の高い資産に投資し、残り(10〜15パーセント)をリスクの高い投機的資産に投資する。投資ポートフォリオのイメージが重量挙げに使うバーベルを連想させることが名前の由来である。

バーベルの一方では極端なリスク回避を行い、もう一方では極端なリスクテイクを行う。ハイリスクの投資がぱあになっても、投資ポートフォリオの大部分は安全なので破綻することはない。ダウンサイドから身を守っている。そしてリスク投資からハイリターンがあればそれがアップサイドになる。

これは金融投資に限らず、リスクを相手にするあらゆる意思決定に当てはまる。

イノベーションは、失敗する確率が高い。企業がイノベーションに全ての命運を賭けたら経営は不安定を極めてしまう。そこで活動の大半（85パーセント）はすでに確立したイノベーションで稼ぎ、残りの資源（15パーセント）を実験や探究に使う。これはカネヴィン思考における安全な失敗《セイフフェイル》の発想と実践である。

アーティストやミュージシャンの中にもバーベル戦略を採用する人たちがいる。安定して生きていけるキャリアを確保しつつ、自分の創作活動のビジョンを描き、リスクをとってチャレンジしていく。

バーベル戦略のポイントは、両極端の意思決定を同時に行うことである。中途半端な意思決定をしない。安全と冒険を同時に追求する。ここでも原則は、まず「生き延びる」こと、次に「儲ける」ことだ。

不確実性を手なずける

反脆く生きるには不確実性を手なずける必要がある。

【バーベル戦略】

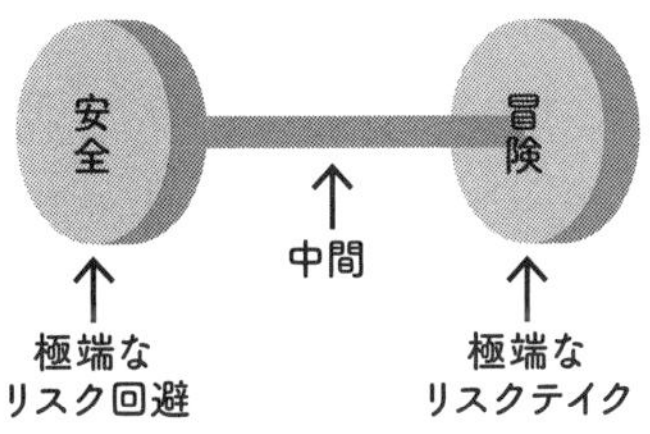

そのためには時間確率を知ることだ。99パーセント確実だとしても、長い時間の中で1パーセントの不慮の事故に遭ったら元も子もない。

そして極端な安全と極端な冒険の両方を追求し、中途半端な態度を捨てることだ。バーベル戦略を紹介するナシーム自身がビジネスマン兼研究者という二足のわらじによって両極端を体現している。本業のトレーディングで生計を立て、残りの時間で好きな研究をする。自分が面白いと思うことを思う存分追い求め、その結果が独創的な研究と著作として結実したのである。

同時に追求すると言ったが、同時並行ではなく、連続的に追求するオプションもある。人生のある時期は保守的に安定した生活を送り、安定期の蓄積をもとにしてリスキーなプロジェクトに挑戦するのだ。

小説家の曽野綾子さんが、老年こそ冒険のできる人生ステージだと喝破している。若い頃は自立することで大変だ。結婚したり子供を育てたりすれば責任が生じる。組織やコミュニティで地位が高くなったら相応の振る舞いが期待される。現役を引退した老人のほうが自分の望む目標のために人生を賭けた挑戦ができるというのだ。一定の社会的・経済的安定を確立したら、人生の残りの部分で大きなリスクをとり、冒険を楽しむことができる。

人生100年時代は、もはや現実になりつつある。クリエイティブな意思決定は、ばらばらに行うものではなく、長期にわたる人生戦略やキャリア戦略として行うものだ。

正しく生きるより、たくましく生きる

「頭が良くて脆い人間と、頭が悪くて反脆い人間だったら、私はためらうことなく後者を選ぶ」とナシームは言う。

反脆さを手に入れた人間は、ストレスにさらされることによって成長し、繁栄する。ダメージを利益に変える。ただ打たれ強いのではなく、逆境をチャンスに変える。間違えないのではなく、間違えることから学び、強くなるのである。

今まで「間違えないこと」や「正解を出すこと」が成功する方法だと思い込んでいた人にとっては、反脆弱性は思考の大転換を要求する。

間違えていい。いや、もしそれがリスク回避して安全を確保した上での計算に基づくリスクテイクであれば、大いに間違えたほうがいい。反脆く生きるのは間違いを愛することなのである。

ただし、そのためには間違いに動じないための頑健さを手に入れること。85パーセントの安定を確保する必要がある。

セイフフェイルは、安全な失敗なのである。

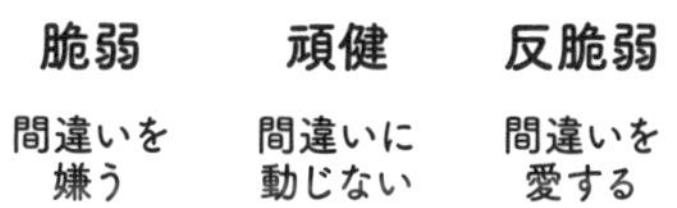

本書の内容は理論によって裏打ちされた実践であり、実践によって実証された理論である。次章では、ここまで紹介してきたさまざまな方法を駆使して私がどんなふうにクリエイティブな意思決定を実践してきたか、その一端を紹介したい。

エクササイズ

1. 仕事や生活の中に安全な失敗《セイフフェイル》を取り入れてみよう。どんな試行錯誤ができるだろうか。それはどんなチャンスになりうるだろうか。どんなリスクを生じうるだろうか。

2. 仕事や生活の中でバーベル戦略を採用してみよう。それはどんなチャンスを生み出すだろうか。どんなリスクを管理するのだろうか。

第8章
クリエイティブ意思決定の実践

社会、コミュニティ、家族は安定要因である。安定を求め、変化を阻止し、減速しようとする。一方、組織は不安定要因である。イノベーションをもたらすべく組織される。イノベーションとは創造的破壊である。

——ピーター・ドラッカー

本書で紹介している方法の体系は、空虚な理論などではなく、私自身が学んで活用してきた方法である。クリエイティブな意思決定は私の職業的な専門であると同時に、私自身の人生や日々の暮らしを構築してきた。

本章では私自身がどのようにしてこれらの方法に助けられてきたかを紹介したい。それによって読者の皆さんにとっても自分の仕事や人生への応用を考えるための助けになることだろう。本章の内容は私の職業分野に偏る経験が中心になるが、さまざまな別の領域で仕事をする皆さんの参考にもしてもらいたい。

私は組織コンサルタントである。経営者やマネジャーのエグゼクティブコーチングをしたり、組織開発や企業変革のファシリテーションをしたり、幹部育成やリーダーシップ開発のためのトレーニングをしたりする仕事の毎日である。

この仕事の実態については『組織の当たり前を変える　組織開発ファシリテーションの最前線』(ファーストプレス)という著書にも詳しく書いたことがある。15年前のことだ。本書でも人と組織の意思決定を助けるという視点で私の職業経験や個人的体験を紹介したい。

しかし、よくビジネス書にあるような、もっともらしい事例を羅列することはやめにする。事例は体験した本人にとってはリアルで面白いが、それを聞かされた他人にとっては意外と面白くない。クリエイティブな意思決定を学ぶには、むしろ思考プロセスで何が起こっているのかを学んだほうがいい。

そこで私自身がどんな体験をしたかを中心にして意思決定プロセスを振り返ってみる。

組織政治《ポリティックス》が大好き

いわゆる政治的な決定というものがある。合理的とは思えないが、組織力学の中で権力の葛藤が物事を決めてしまう。それは必ずしも皆が望んだ結果ではないが、政治のひと言で諦めてしまう。

私はディベート体験を通じて政策に強い関心を抱くようになった一方で、政策を決定する政治のプロセスにはあまり興味を抱けなかった。政治に対してネガティブな印象を拭いきれなかったからだ。足の引っ張り合い、力の競り合い、権力者への根回し、陰謀などである。

こうした偏ったイメージが覆される出来事をふたつ思い出す。

ひとつは、アメリカ留学中にクラスメイトだったテッド・フォーブスが来日したときに彼の新しい職場について聞いていたときである。私も知っていた共通の同僚についてテッドが「彼は政治的なことが得意じゃないからね」と言ったので、私は「テッドは政治が苦手じゃないんだね?」と聞いたのだ。

このときのテッドの答えを、その後になって何度も思い出すことになる。

「大好きさ」

苦手じゃないどころか、組織政治が大好きだと言ったのだ。

このときテッドという人物に対して私が描いていたイメージが、いわゆる政治的な動きをする人間とは似ても似つかぬ人物像だったことが私に驚きを与えた。陰謀を巡らすようなタイプには見えなかったのだ。

テッドは続けて言った。

「組織の中で誰が力を持っていて、何を動かせばいいか、それだけだよ」

何ひとつ後ろ暗いことややましいことがなく、公明正大に組織を動かしていくだけだ。あっけらかんとした雰囲気だった。

それができれば苦労はしない。

私はそう思ったが、テッドの明るさや朗らかさとともに「大好きさ」という言葉を忘れたことがない。

ラショナル・エモーショナル・ポリティカル

もうひとつの出来事は、私がスタートアップ事業に失敗したあとに参画したジェミニ・コンサルティングである。

ジェミニ・コンサルティングは、従来型の戦略コンサルティングの限界を打破すべく、戦略提言と実行支援を並行してプロフェッショナルサービスとして提供していた。

そのときに最初に習ったフレームのひとつが「ラショナル・エモーショナル・ポリティ

カル」である。

クライアントの依頼を引き受けた戦略コンサルタントは、事業と市場の分析をもとにして客観的で合理的な解を生み出そうと全力を尽くす。

しかし組織で働くのは血の通った人間であり、さまざまな感情によって動いている。合理的な説得が功を奏すとは限らない。

そして組織とは政治によって動いている。企業組織は民主主義ではない。意思決定の仕組みが必ずしも透明に公開されているわけではない。組織力学の中でさまざまな決定がなされる。

論理的・心理的・政治的な次元の全てにアクセスしなければ、現実のマネジメントはできない。

これは私がそれまで抱いていたポリティックスに対する偏見を払拭し、あたかも科学者が自然現象を見るかのごとく組織政治を見ることを教えてくれた。

政治を利用する戦略思考

それまで私は「政治的決定」が合理的決定を邪魔するものだと思い込んでいたのである。なんともうぶなことだ。

せっかく合理的プロセスに則って客観的な判断を重ねて論理的な結論を導き出しても、

政治のひと言で覆されてしまう。なぜ理にかなった決定ができないのか。

しかし政治は世の常であり、人間社会における単なる現象だ。

この新しい理解によって組織政治のダークサイドをなかったことにはできない。政治にはポジティブな面ばかりでなく、ネガティブな面もある。オープンで公明正大な話し合いをせず、密室ではかりごとを巡らす人たちもいる。組織によってはさまざまな派閥がある。派閥にもメリットはあるが、デメリットが大きいことは言うまでもない。

組織政治をただの現象と思い知ることによって、次のステップに進むことができる。それはここまで見てきたクリエイティブな意思決定の応用にすぎない。

どんな結果をもたらしたいのか。そして今どんな現実の中にいるのか。

常にこのふたつの問いである。

いわば政治状況を利用した戦略的意思決定が可能になるのだ。

味方はどこにいて、敵はどこにいるのか

いったん「合理的」な意思決定を下したら、それによってどんな結果をもたらしたいのかをあらためて確認し、そのビジョンに対して組織がどんな現実の中にいるのかを見定める。

戦略コンサルティングの仕事の中で教わった関係者分析《ステイクホルダーアナリシス》は、現実を知るためのツールの

ひとつである。

ある変革プロジェクトのチーム会議で、関係者の分析を行った。

まず変革の成功のビジョンを確認する。チームの中で共有しているビジョンである。いったい何が起こったら変革が成功したと言えるのか。これだけで相当な時間を要するが、関係者分析のために簡潔に確認する。

次にチャートを描く。

横軸は変革のビジョンに賛同している度合いである。右に行くほど賛同している。一番左は無関心である。

縦軸は変革のビジョンに反対している度合いである。下に行くほど反対している。一番上は無関心である。

関係者をマッピングしていくと、右上に賛同者が集まり、左下に反対者が集まる。真ん中にはどちらにも行きうるどっちつかずの人たちがおり、右下には分裂した人たちがいる。分裂にはいろいろな種類があるが、総論賛成・各論反対などはその例だ。変革のビジョンには賛成しているが、組

【味方チャート】

織における役割上から反対している人たちもいる。

多くの人たちは無関心である。賛同でもなければ反対でもない。しかし無関心層に重要な関係者が含まれていることも多い。

賛同者や支援者がいたら協力を求めたり、共同作業をしたりするかもしれない。

もちろん反対や抵抗に出会うことも多い。変革は既存の秩序を破壊したり伝統を否定したりするのだから抵抗を生むのは普通のことだ。

重要な関係者を全てチャート上にマッピングできたら次のステップである。

問題解決しないこと

利害関係者の分析は変革プロジェクトにおいて標準的な手続きである。組織の内外にどんな人たちがいて、彼らの利害がどう関係していて、組織が変わるために人にどう動いてもらう必要があるのか。どんなチャートやツールを使おうと、必ず把握して分析しなくてはならない。

重要なのは次の段階だ。

標準的な変革の手順では、できるだけ味方を増やすこと、味方には働いてもらうこと、抵抗勢力があったら対処すること、できるなら敵も抱きこんで味方にしてしまうこと、などが実践されている。

実際、私もそう考えていた。2004年に出版した著書でも一部そういう考え方ややり方を紹介している。

クリエイティブな意思決定においては少し違う。いや、だいぶ違う。問題解決するのではなく、未来を創造するための地図を描くのである。

敵がいたら戦う。あるいは逃げる。これは状況対応・問題解決の考え方だ。状況対応と問題解決を繰り返していけば、問題は悪化し、状況は継続する。

常に緊張構造の中で意思決定する

クリエイティブな意思決定において、状況対応や問題解決はあくまでも補助的な役割である。主たる問いは「どんな結果を創り出したいのか」であり、「その結果のビジョンから見て今はどんな現実に直面しているのか」である。このふたつの問いが緊張構造を創り出す。

関係者分析においても同じだ。変革プロジェクトのビジョンがあり、そのビジョンから見た現実がある。このふたつを正確に見据えることによって緊張構造が生まれる。

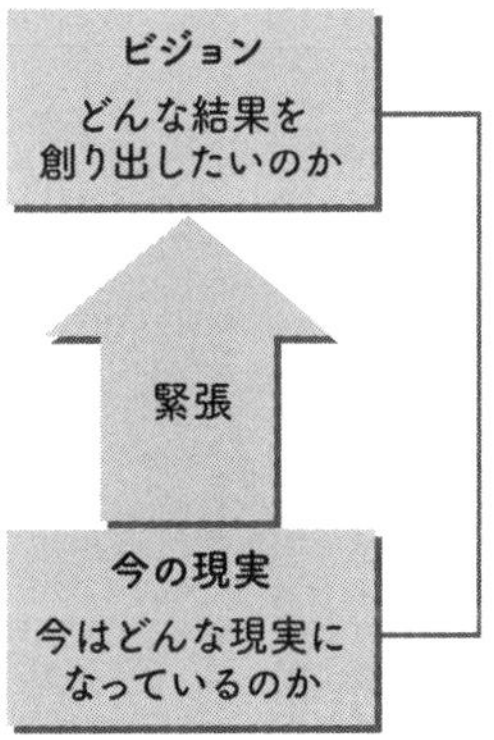

軽いカオスによる変革の推進

あるプロジェクトで、重要な関係者のひとりがプロジェクトチームのリーダーと異なる意見を持っていることがわかった。リーダーを支援するコンサルタントであった私は、依頼によってその事業部長の話を聞きに行くことになった。

話を聞いてみると、彼女は理路整然と経営の優先順位を示してくる。変革プロジェクトの趣旨は十分に理解できる。現在の市場の先細りを予測し、将来の市場の開拓を推進するという戦略的方向性である。しかし事業部長の立場からは、まず既存顧客に対するケアを手厚くし、事業の屋台骨を盤石なものにするための施策を打ちたいというのである。

変革プロジェクトからするとこれまで検討を重ねた議論の結果がいっぺんに覆されてしまう。プロジェクトマネジャーは根回しが弱かったと反省し、地団駄を踏んだ。

ここでどういう意思決定をするか。正念場である。

私は変革プロジェクトのプランを一時停止し、事業部長の推進したい施策を支援することを提言した。

もちろんカオスになる。これまでのプロジェクトに

【混沌系に浅く突入する】

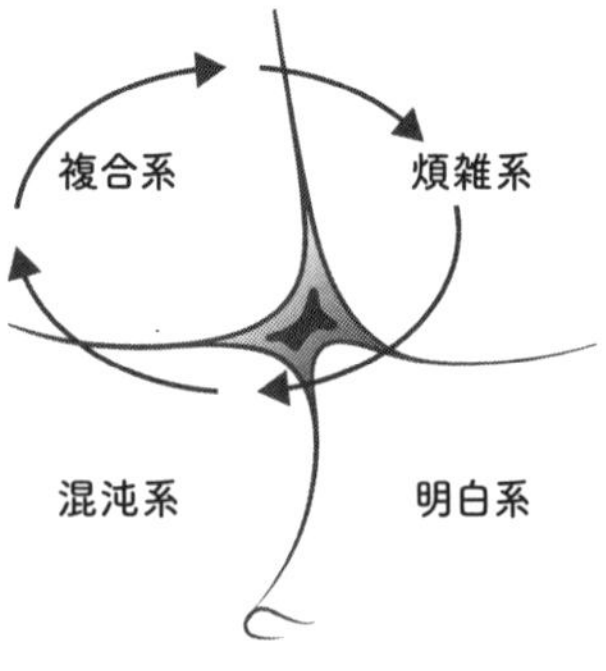

おける努力をふいにするように見えるし、既存顧客を守る施策と新規顧客を増やす施策は必ずしも整合しない。下手をすれば打ち消し合う効果を生むことになりかねない。

ここで思い出してほしい。軽いカオスは潜在的なチャンスになりうる。この局面では意図的にカオスに飛び込む選択肢があった。気がついたら混沌としていた、というのとは違う。

混沌系から「安全な失敗《セイフフェイル》」へ

このときの意思決定は、事業部長とプロジェクトリーダーの一時的な合意を取りつけ、順序として事業部長の推進したい施策への資源投入を優先する。そのために進行中のプロジェクト作業をいったん中断する。ただしこの軌道修正は計画の中で時限的な施策とし、次の優先順位として新規施策への資源投入を開始する。シフトができるためには短期間に成果をあげる必要がある。そこで小規模・短期間・低予算で安全な失敗《セイフフェイル》を企画し、次々と遂行する。

軽いカオスから複合系に抜け、実験・試行錯誤モードに入る。

このときに変革プロジェクトを整然と進めようとしていたメンバーは面食らったが、「変革プロジェクトとはこういうものだ。予期していないことが起こり、想定外の展開をとる」と説明し、常に次に到達すべきマイルストーンを授ける。

安全な失敗《セイフフェイル》は試行錯誤だから思わしくない結果も出る。それを予期し、明確に実験と位置づけ、良い結果が出たら次のアクション、悪い結果が出たら学習して別のアクションを計画する。

これは綱渡りだ。

しかし変革プロジェクトを経験した人ならきっと誰でも知っているように、綱渡りのフェーズというものがある。

全体として進みたい方向はわかっている。しかし全てをコントロールすることはできない。というより、人や状況をコントロールすることなど不可能だ。状況は流れていて、人は流れの中にある。

コントロールできるのは戦略的意図と自分たち自身のアクションだけである。

綱渡りの意思決定の妙味

ものづくりのプロジェクト管理しか経験のない管理者はこの時点で困惑し、「こんなやり方ではマネジメントは不可能だ」と断言することもある。煩雑系（秩序系）におけるマネジメントでは流れに任せるなどもってのほかで、しっかりと手綱を引き締めなくてはならない。

一方、複合系のマネジメントにおいては、管理することをやめ、様子を見てチャンスをうかがうことが多くの場合に成功の鍵となる。

これは胆力を試される。同時に強力な見極めが必要だ。流れに任せるというのは投げ出すことではない。秩序と安全を維持しつつ、「やってみないとわからない」部分にチャンスを与えるのだ。

先ほどのケースで言うと、既存顧客をケアする施策を強化しながら新規事業の好機を待つ、というのは、全く異なるベクトルの戦略を同時並行で観察するための忍耐が必要になる。

バーベル戦略による戦略的事業廃棄

これはバーベル戦略の一種でもある。

先の場面で、事業部長は正しい直観を持っていた。既存事業が先細りだからといって手薄にし、新規事業にウエイトを傾ければ、現在の収益の柱が傾きかねない。

百歩譲って戦略的廃棄を行い、大胆な変革を断行するとしても、それは用心深く計画的に遂行しなくてはならない。

変革プロジェクトのチームは将来的に必要となる変革に焦点を絞りすぎたために短期的リスクに対する目が甘くなっていたのだ。

結果は、紆余曲折の果てに新規事業が推進され、プロジェクトチームの当初の計画とはまるで異なる形でビジョンが実現されることになる。

ここで非常に重要なことがある。この結果は戦略に基づいたセレンディピティであるということだ。

戦略的なセレンディピティ

セレンディピティとは意図を超えた幸運によって想定外の発見をすることを言う。

上記のプロジェクトの体験を同僚のコンサルタントたちに話すと、ときどきこういう反応が返ってくる。


「その作戦は意図していたことなのか」

「最初からカオスを計画していたのか」

「どこまで知っててそれをやったのか」


これに対する私の答えは次のようになる。


「目的は完全に意図した通りだが、やり方は即興的で流動的」

「最初から計画してできることではない。途中から計画した」

「わかっていたわけではなく、現実がだんだん姿を現わした」

つまりこういうことだ。セレンディピティは計画できない。思わぬときに姿を現わすからセレンディピティなのだ。しかし姿を現わしたときに気づき、その好機を捉えられるかどうかが勝負だ。

これは煩雑系（秩序系）に染まった思考の持ち主には受け入れにくい考え方だが、複合系（非秩序系）で仕事をしている人たちにとっては「何を今さら」と言われるほど当たり前の話である。チームや組織の中には両方の種類の人たちが存在することを知っておくのもいいだろう。

セレンディピティをいかに創発し、活用するかについては第10章でもっと詳しく見ていくことにする。

エグゼクティブコーチングにおけるセレンディピティ

私のもうひとつの主な仕事はエグゼクティブコーチングである。企業の経営者や事業責任者などとの一対一のセッションや、経営チームに対するグループセッションという形態で行っている。

コーチングは、やってみなければわからない。あらかじめ学んでほしいことを定義したアジェンダは存在しない（世間ではエグゼクティブコーチングというタイトルをつけたプログラムやカリキュラムが存在するらしいが、それはコーチングではなく、学習講座と呼ぶべきものだろう）。一期一会のクライアントの状況と目的、志と価値に基づいて、未来を創造していくプロセスである。

エグゼクティブコーチングでは、さまざまなセレンディピティが起こる。コーチの役割のひとつは、クライアントとともに機会の到来を観察し、すかさず好機を活かして創り出したい現実を創り出すことだ。

繰り返すが、セレンディピティは計画できない。それが起こったときに気がついて行動するのがポイントだ。

具体例を挙げて説明してみよう。

問題解決から未来創造へ

エグゼクティブコーチングの依頼の多くが、切実な問題からスタートする。

たとえば、重要な立場にあるマネジャーがいる。極めて優秀な人で、大いに成果をあげ、実力も人望もある。事業に対して情熱を持っていて、人に対して思いやりもある。親分肌で、若い人たちを叱咤して育成する意欲も持ち合わせている。

ところが、真剣さのあまり当たりが強すぎる。若い部下の中には怯えてしまってまともな会話ができない人もいる。悪い人ではない、とわかっていても、面と向かって罵倒されたりどやしつけられたりするのに閉口する。パワーハラスメントだと言って人事部に報告してきた人までいる（人事部の判断ではハラスメントではなく、マネジメント向上の必要があるとしていた）。

人事から本人に働きかけ、本人も課題として認識して取り組んできたが、あまり改善が見られない。このままでは職場の心理的安全にも悪影響を与えかねない。

私は一度面談したあと、このエグゼクティブコーチングの依頼を気楽に引き受けた。依頼者の期待は、ある種のアンガーマネジメントである。怒りの感情を相手にぶつけず、自分で抑制して冷静にコミュニケーションするスキルを身につけてほしいと思っている。

つまり、状況に対する問題解決である。

一方、私がコーチングを引き受ける以上、問題解決に終始するつもりは全くない。問題を生じている現実は認識した上で、「どんな結果をもたらしたいのか」とクライアントに考えてもらうことからスタートする。

価値と志に立脚してリスクをとる

このクライアントは、当初からはっきりとした志と価値を持っていた。この組織の弱点を克服し、人を育成し、事業を発展させ、社会や経済に対して大きな価値を生み出していくことである。そして自分の大志に向かっている限り、どこまでもエネルギーが尽きない。

ところが部下の全てが彼女の志を理解しているわけではない。ワークライフバランスが欠如しているのではないか、と批判的に見ている人たちもいるし、自分の生活の安定を脅かされたくない人もいる。私は全ての部下に一対一のインタビューを行い、それぞれの人が彼女をどう見ているかを知ることができた。

インタビューの結果を知ると、彼女は驚きを隠せなかった。自分の思いが伝わっている人と、伝わっていない人がいる。伝わっていない人には全く伝わっていないどころか、誤解されていると感じたのである。

ここでも問題解決は禁物である。他人がどうあろうと、自分が何を創り出したいのかを見失わず、自分のビジョンから現実を見ることが不可欠だ。

主要な課題のひとつであったアンガーマネジメントについては真摯に相談された。何しろ彼女はこれまで自分の弱点として真剣な話し合いの中で感情的になってしまいがちなことを認識し、いろいろな努力を重ねてきたにもかかわらず改善できる手応えがなかったのである。

話を聞くと、感情がたかぶってきたときは自分で気づくことができると言う。しかも毎日とは言わないが、部下と会話していると頻繁に感情がたかぶることがあるのだと言う。

そこで私はこう提案した。

「今度そういうことがあったら、構わず感情をぶつけよう、と思って試してみてください」

彼女は目を丸くして聞き返してきた。

「いいんですか、そんなことをして」

これは安全な失敗《セイフフェイル》である。今まで抑制しようとしてコントロールできなかった。今度は抑制しようとせずにひたすら観察して学習するのが狙いである。私は、感情をぶつけるつもりで会話を続けながら、相手のことをよく観察してください、と告げ、真面目な彼女は「やってみます」と言ってその日のセッションは終了した。

安全な失敗《セイフフェイル》による意外な発見の連続

次のセッションにやってきたとき、この情熱的なマネジャーは驚きの報告をしてくれた。

感情を言葉にして相手に伝えようとし、相手を観察してみたら、ある人は明らかに警戒を始め、別の人は次なる反論を用意し、また別の人は別の反応をしていることに気づいたというのである。それはどういうことかというと、それまで彼女は熱心に部下を叱咤しているとき、相手の様子を観察する余裕など持っていなかったということだ。しかも「観察してみてください」と言われただけで難なく観察することができたということでもある。実験から得られたデータは、相手の様子についてのものと同時に、何かを伝達しようとしている自分自身の変化についてのものでもあった。

今までアンガーマネジメントのつもりで感情をコントロールしようとしていたときにはできていなかった観察が、感情を解き放とうとしたことによって可能になったのである。

複合的な組織のシステムを探索する

クリエイティブな意思決定が求められる場面の多くは複合系（非秩序系）である。特に組織における決定の多くは「やってみないとわからない」ことの連続だ。

大きな方向性や全体の目的地を明らかにし、目的地から見た現在地を確認したら、安全を確保しながらリスクをとり、実験と探索を行うことだ。

さて、ここで読者の皆さんに問うてみたい。自分の目的を達成するためなら不道徳な行為が許されるのだろうか。組織のビジョンを実現するためなら非倫理的な決断をよしとする

【複合的な組織のシステムの探索】

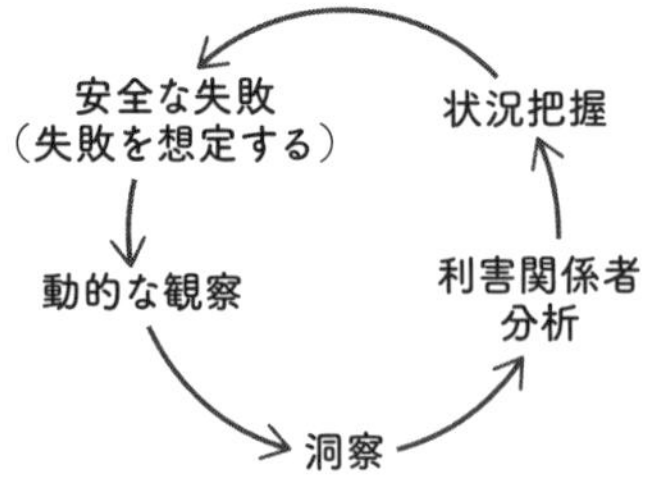

のだろうか。

もちろんそんなことはない。意思決定はただ単に目的を達成すればいいわけではない。

次章では、本書でここまで触れずに進めてきた重要なファクターを取り上げる。それは倫理・道徳性である。

エクササイズ

1. 仕事の中でクリエイティブな意思決定を取り入れてみよう。
2. 生活の中でクリエイティブな意思決定を取り入れてみよう。
3. 人生設計にクリエイティブな意思決定を取り入れてみよう。

第9章

客観主義哲学と倫理的利己主義

創造的な人間は、他人に勝ちたいという欲求ではなく、達成したいという欲求に突き動かされる。

——アイン・ランド

自分のために生きるということ

本書ではここまで倫理的・道徳的な考慮を暗黙の前提としてきた。あなたが何を決定しようと、その背景にはあなたの倫理観・価値観がある。それが「いいことなのか」「よくないことなのか」と是非を問わずにここまで来たのだ。

そして本章では道徳性・倫理性を検討する。つまり「その決定は倫理的なのか」と問うことをする。

ここで、読者の多くはきっとこう思うだろう。道徳や倫理というのは人がやっていいことやいけないことを定義した命令や禁止の体系だ、ここまで「クリエイティブな意思決定」について学んできたのに、それを縛る禁止や命令を学ぶ必要があるのだろうか、と。

ずばり、結論から言おう。倫理的・道徳的とは「自分のためになっているか」だということだ。世間における道徳が、これをするな、あれをするな、といったルールのかたまりであるのに対し、今から紹介する考え方は、一人ひとりが自分自身の真の利益を追求することをガイドする方法なのである。

これは私の勝手な独断などではない。約30年前に私が出会った哲学者アイン・ランドの洞察であり、哲学だ。哲学的な呼称としては倫理的利己主義である。

倫理的利己主義は、世間の常識の大半に反するばかりか、古今東西の思想の歴史の中でも異端と言っていいほどの独創的発見である。

そして詳しく見ていけば、それが奇を衒《てら》った成功哲学などではなく、極めて理性的で合理的な思想だということがはっきりとわかるはずだ。

アイン・ランドの哲学、とりわけ倫理的利己主義を理解し、自分自身の価値観を棚卸しすることによって、クリエイティブな意思決定の土台を再構築することができる。つまり、あなたの意思決定がしっかりとした倫理的基盤の上になされることが可能なのだ。

以下、詳しく見ていこう。

倫理と実用の一致

アイン・ランドの哲学オブジェクティビズム（客観主義）においては、倫理的であることと実用的であることは対立しない。それどころか、完全に一致する。

世間で道徳・倫理と言えば「殺すな」「盗むな」「姦淫するな」などの禁止事項や、「自分のことを後回しにして奉仕しろ」「世のため人のために仕事しろ」などのように、しばしば自分が望むこととは反対のことを命じられる印象があるだろう。

客観主義・倫理的利己主義においては逆である。「自分のために生きる」ということが道徳的であると同時に実際的なのだ。

これが利己主義と利他主義の大きな違いでもある。

人が幸福に一生を生きるには「自分のために生きる」必要がある。ところが利他主義のイデオロギーは「他人のために生きろ」と命じてくる。そこに最大の葛藤が生じるのだ。

倫理的利己主義には葛藤がない。誰かのために何かをするのは自分の選択だ。他者を助けること自体は「自分のために生きる」ことと矛盾しない。それどころか、むしろ自分にとって大切な他者を助けることこそ真に利己的であり、「自分のために生きる」ことそのものなのである。

考えてみてほしい。あなたにとって大切な他者とは誰だろうか。家族・友人・仲間・顧客・取引先・従業員など、明らかに親しい関係にある人たちがいる。彼らの成功や幸せを助けることは、ほとんどそのままあなた自身の幸福な人生と直結する。また、あなたの人生を支える人たちの中には個人的な関係がない人たちもたくさん存在する。生活に必要な財やサービスを提供してくれる人たち、社会や経済を動かしている人たち、政治や国際関係に携わる人たち、芸術やスポーツ、娯楽や芸能を生み出している人たち、彼ら一人ひとりが陰に陽にあなたの人生を支えている。あなたが他者を助けることはすなわち「自分のために生きる」ための選択になるのである。

利己的な選択とはどういうことなのか、もう少し詳しく見ていこう。

客観的な自分の利益は自分勝手な気まぐれとは違う

ここで言う利己的とは、自分勝手な気まぐれのことではない。気まぐれにわがままな振る舞いをすることは、長期的・合理的に見て自分のためにならない。それは主観主義的なわがままである。

具体例を挙げよう。

誰かと約束をしたら、私たちはたいていそれを守るように努めるものだ。約束を守ることによって相手の利益を守ることにもなり、自分自身の信用を守ることにもなる。

もし自分勝手に約束を破ったらどうなるだろうか。あなたは「約束を破る人」という印象を相手に与え、今後の信頼を失うリスクを冒すことになる。それは自分の利益を損ねることであり、断じて利己的とは言えない。

自分勝手は利己的ではないのだ。

自己犠牲は倫理的ではない

では自分を犠牲にして相手のために奉仕することは倫理的なのか。

アイン・ランドの哲学では、それこそ非倫理的であり、不道徳だということになる。

誰かのため、社会のため、国家のため、地球のため、神のためなど、自分以外の何者かのために自分自身を犠牲にしていたら、幸福も成功も成り立たない。

それどころか、自己犠牲こそが道徳の本質だとする倫理学は、論理的な帰結として全体主義を生み出すことになる。あらゆる国家主義・集団主義は利他主義の基盤の上に成り立っている。

人が短期的な奉仕によって他者・社会・組織・社会・コミュニティの発展に貢献するのは、自己犠牲ではない。利己的な自己の選択だ。自分にとって価値のある他者・組織・社会・コミュニティが発展すれば、それによって直接間接の利益を被るのは自分自身である。

それに対し、他者に対して自己犠牲を強いるのは常に全体主義への誘いであり、それは倫理に反する選択なのだ。

ここで少し巻き戻して、アイン・ランド哲学の全体像を把握しておこう。

オブジェクティビズム（客観主義）の発見

「この世界はいったいどういう存在なのか」

「どうやってこの世界を知ることができるのか」

「この世界を人はどのように生きたらいいのか」

「人が生きるためにはどんな社会が望ましいのか」


こうした問いに根本から答えようとするのが哲学の探求である。

私は学生時代に哲学思想に強い関心を持ち始め、古今東西のさまざまな哲学者の思想に触れつつ、多くの人たちと対話しながら生きるための実践的な方法を模索していた。

そして20代後半にアメリカ在住中に発見したのが、20世紀の思想家アイン・ランドの哲学だ。

アイン・ランドの哲学オブジェクティビズム（客観主義）は、当時私が抱いていたあらゆる哲学的疑問に明快に答えてくれた。

私はアイン・ランドの革新的な発見に衝撃を受け、その後四半世紀をかけてオブジェクティビズムの原則を自分自身で検証し、現実の意思決定に活用することにした。検証には長い時間がかかった。アイン・ランドの著書を片っ端から読み、録音された講義を聴き、関連する論文や書籍を参照して自分の頭で考え、理解したことを実際の生活や仕事や人間関係に反映し、試行錯誤を繰り返して理解を実証してきた。

私の理解の全体像を簡単にまとめると次のようになる。

「この世界は夢や幻想などではなく、客観的な現実として存在する」
「この世界の存在を人間は五感で知覚し、理性で理解する能力がある」
「人は現実世界で生きるために自由な選択をし、価値を実現して幸福を達成する」
「個人の自由な選択を完全に尊重する社会が望ましい」

こうして言葉にすると当たり前のことばかりと思えるかもしれない。しかし東西の哲学思想の大半はこれとは正反対のものだ。

例を挙げてみよう。

「客観的な現実などこの世に存在しない。世界は言葉で記述された書物のようなものだ」
「人間が現実を知る能力は極めて限定されており、世界そのものを知ることなど望めない」

「人は自分のために生きるのではない。他人のために奉仕することが人間の義務である」

「人間は愚かなもので、個人の自由な選択を許したりしたら社会は崩壊する」

私が知的好奇心に駆られて読破した思想書の多くがこのようなイデオロギーを難しい言葉で記したものだった。

何千時間もの読書が無駄だったとは思わない。物を考える訓練として思想書や哲学書は役に立つことがある。しかし従来の哲学の大半の結論は間違っていたということが今となって理解できる。

アイン・ランドの哲学においてとりわけ重要なのは、人は個人として自分の存在のためにさまざまな選択をし、自分の人生を謳歌するために生きるべきだ、という倫理的利己主義だ。

倫理的利己主義がどのようなものか、あらためて説明する。

人は誰のために生きるのか

世間ではたいていの人が利己主義を悪いものだと思っている。人は他者を助けなければならない、助ける義務がある、自分のために生きるなどというのはわがままであり、そんな勝手は許されない、と思っている。エゴイズムが諸悪の根源だと言う人も少なくない。

私も幼い頃からそう教えられ、ときに反発しながらも、人がこの世に生を受けたのは世のため人のためであって、自分のためではない、という利他主義の考え方がいつのまにかすっかり染みついていた。

読者の皆さんはどうだろうか。

私が世間の主流の利他的な考え方の間違いを悟って払拭できたのは、アイン・ランド哲学に出会ってからだ。アイン・ランドは利他主義を真っ向から否定し、人類の幸福は完全な個人主義・利己主義に立脚するしかない、と喝破した。これは風変わりな哲学者の偏見や個人的見解ではない。客観的現実に基づいた倫理体系である。

もし人が他者のために生きなければならないなら、その他者は誰のために生きるのだろうか。やはりその他の誰かのために生きるのだろうか。その誰かとは誰なのだろうか。

かつて人は神のために生きるとされていた。あるいは王様のため、主君のため、独裁者のために生きるとされていた。神が死に、王様がその座を追われ、封建的な主従関係が時代遅れになり、独裁者が邪悪と見なされるようになった現代社会で、人は社会のために生きるべきだとされている。

社会とは誰なのか

では社会とは誰なのだろうか。

アイン・ランドに言わせれば、社会などというものには実体がない。人は社会的な生き物だが、個人の存在の前に社会が存在するのではなく、一人ひとりの人間が生きるために必要な仕組みのひとつが社会なのだ。

そうでなければ、個人が社会に従属することになってしまう。人が社会のために生きなければならないというのはそういうことである。

実際、長い歴史を通して人は国家や社会の犠牲になってきた。それは今でも変わらない。アイン・ランドの慧眼は、歴史上のあらゆる圧政や搾取の原因が集団主義・利他主義にあるという洞察を生み出した。「人は誰かのために生きなければならない」というイデオロギーが、ときにあからさまな、ときに目に見えにくい、無数の個人の自己犠牲を正当化したのだ。

人が生き生きと人間らしく人生を生きるために必要なのは、「自分のために生きる」という倫理的利己主義と、それを可能にする自由な社会なのである。

ここでアイン・ランドの言う自由とは、他者を犠牲にする自分勝手のことではない。

自由と自分勝手の履き違い

利己主義と同じように誤解される概念が、自由という概念である。

個人の自由とは、他人を踏み台にして自分が利益を得ることではない。あなたは私の命や財産を奪う自由を持っていないし、私もあなたの命や財産を奪う自由を持っていない。もし「なんでもあり」の「自由」を誰もに認めたら、秩序も平和も奪われる暴力の世界になってしまう。

自由とは、一人ひとりが自分の生命・幸福のために選択することであり、そのために他者の自由を侵さないことを言う。

ここにアイン・ランドの哲学が客観主義と名付けられた理由のひとつがある。主観的な自分勝手では社会は自由にならず、個人は幸福にならないのだ。

これは重要なポイントなので、もう少し解説しよう。

アイン・ランドの言う「利己」とは己を利すること、自分が生きていくための利害を大切にすることだ。自分を国家のために犠牲にしたり、神のために犠牲にしたり、社会のために犠牲にしたりせず、自分自身が大切にしているもののために生きることを言う。もし自分勝手な気まぐれのために他者の自由を侵害するようなことをすれば、それは自分のためにならない。

極端な例を挙げよう。もしあなたが、自分勝手な理由で他人の持ち物を奪ったとする。もちろんそれは法律で罰せられる行為である。いかに巧みに奪ったとしてもやがて発覚し、罰せられることになる。仮に法律で罰せられなくても、もしあなたが窃盗行為を繰り返せば、それはやがて他者の知るところとなり、あなたの評判を傷つけ、自由で豊かな生活など望むべくもなくなるだろう。

では、もしあなたが極めて巧みに盗みを繰り返し、誰にも知られなかったとしたらどうだろうか。それでもあなたはそれが正当な所有ではないことを少なくとも心のどこかで知っている。いつかは捕まるかもしれない、と心に恐怖を抱いて暮らすことになる。

もしあなたが良心のかけらもない犯罪者だったとしたらどうだろうか。それでもあなたは自分が正当に所有しないものから恩恵を受けていることを心のどこかで知っている。心の平安も創造の喜びも得られない人生を送ることになるだろう。

主観的な自分勝手は決して人間を幸せにしない。客観的な自由、互いを尊重する自由こそが持続する幸福の大前提なのである。

自由な人こそ他者を尊重する

自由な人が他者を尊重するというのは、理論的な可能性などではない。現実に自由な人こそ他者を尊重している。これは事実だ。

家族、友人、仕事仲間、取引相手、コミュニティ、街で行き交う見知らぬ人……他の人たちを大切にし、決して他人の自由を侵さないことで、胸を張って自分の自由を謳歌することが可能になる。

自分の自由を放棄し、他者の犠牲となって生きる人生が惨《みじ》めなものである一方、他者の自由を踏み躙《にじ》ることは自分自身の自由を失うことに直結する。

もし皆さんのまわりに自由を謳歌している人たちがいたら、よく観察してみよう。真に自由な人は、決して他人をないがしろにしたりしないことに気づくはずである。

自由は地位や財産や名声よりもずっと基本的で、ずっと貴重なものだ。そして自分自身の規律と行動によって獲得し、維持することが可能なものでもある。特別な才能やスキルは必要ない。高い地位も莫大な富も必要ない。その代わり、誠実さや真摯さ、首尾一貫した価値観や倫理観が必要になる。それは「自分のために生きる」ということである。自分の人生を大切にすることは、その当然の帰結として自分の人生に登場する他者を大切にすることを含む。

これは自然と無自覚にできることではない。意図して意識して規律をもって実践しなくてはならない。しかし誰にでも実行可能なことでもある。

アイン・ランドの提唱する倫理的利己主義においては、道徳的であることと実用的であることは矛盾しない。矛盾しないどころか、道徳的であることはすなわち実用的なのだ。

その道徳とは、自分の生命・財産・幸福を大切に守り、自分が大切にする価値を実現して生きることである。そして同じ自由を全ての他者に認めて尊重することだ。

次に、このことをさらに具体的に見ていこう。

価値とは何か

幸福に生きるための鍵が自分の大切にする価値にあるなら、その価値とは何だろうか。究極の価値は「生きる」ことである。人の命がなければ価値などない。価値のピラミッドの頂点にあるのが人間の生命だ。

こう言うと、「命より大切なものがあるのではないか」「人は自分の命を賭けてまで大切なものを守るのではないか」という議論が出てくる。

たとえば、自分の愛する家族や恋人を守るために命を賭ける人たちがいる。それは特殊な状況かもしれない。しかし読者の多くも、もし特殊な状況に置かれたら同じことをするかもしれない。

それは、もし自分の愛する者を失ったら生き続ける意味がなくなる、という価値観の結果だ。自分の命よりも価値の高い物や人があるという自己犠牲の思想ではない。

出発点から考えてみよう。そもそも命があるから価値が生まれる。命のないところに価値は生まれない。人間は生命体として「生きるか死ぬか」「存在するか存在しないか」の選択を求められる。自分の置かれた環境と自分の選んだ行動によって生きることが可能になるのである。

価値とは、自分の行動によって守ったり増やしたりするものである。生命体である自分が存在しなければ、価値は存在しない。

これが全ての出発点だ。

客観的価値の交換は価値の増大

クリエイティブな意思決定において客観的価値の概念は欠かせない。いかに価値を生み出すか、あるいは守るかが意思決定のポイントになる。

わかりやすい例は物やサービスの売り買いである。私たちは対価を支払って自分にとって価値のあるものを手に入れる。あるいは相手にとって価値のあるものを提供するために対価を受け取る。

もし取引が妥当ならば、買った相手も売った相手も自分の望む価値を手に入れている。まずこの基本的な事実を確認しておこう。

契約や交換は当事者の自由な意志によって行われる。もしあなたがチョコレートを食べたいと思って、100円でチョコレートを買ったら、支払った金額の100円よりも大きな価値を手に入れているはずだ。そしてチョコレートを売ったお店は仕入れ原価よりも高い価格で売り、利益をあげているはずだ。つまり、買ったあなたも、売った店も、同時に価値を手に入れている。客観的価値の交換はすなわち価値の増大なのだ。

不当な価格と正当な価格

しかし、もしあなたがチョコレートを食べたいと思って100円で買ったのに、商品に問題があって食べられなかったとしたらどうだろうか。チョコレートが溶けていた。カビが生えていた。不良品だった。食べられなかった。これは不当な取引だ。あなたは返品して返金を求めるかもしれない。あるいはその店から今後は買い物をしないことにするかもしれない。その銘柄のチョコレートを買わないようにするかもしれない。その店や商品について悪評を流すかもしれない。あるいは当局に報告するかもしれない。

不当な交換は価値の増大にならないどころか、価値の損傷につながるのである。

不良品ではなかったとしても、もしあなたが100円で買ったのと同じチョコレートが別の店で50円で売られていたとしたらどうだろうか。あなたが買ったチョコレートに何の問題もなくても、もし市場価格がもっと安ければ、これからは安い価格で手に入れようとするかもしれない。

価格が正当か不当かは、個別の取引における価値の交換のレベルでまず判断される。妥当な取引であれば、売り手にも買い手にも利益がもたらされる。次に、その取引が自由な市場で行われていれば、市場全体において妥当な価格が決まっていく。

等価交換という錯誤

ここで経済学に始まって世間に幅広く流布している間違った概念を槍玉に挙げておきたい。それは「等価交換」という概念だ。

正当な交換は等価、つまり価値が等しいものを交換するという考えである。

経済学を勉強したことがない人でも等価交換という言葉を聞いたことがあって、なんとなく暗黙に「妥当な取引とは等しい価値を交換することだ」と思っている人が多い。

これは大きな間違いである。

先ほどのチョコレートの買い物で、もし100円とチョコレートが等価、等しい価値だったとしたら、あなたは買ったばかりのチョコレートを店に持っていって100円で売ろうとするだろうか。店は売ったばかりのチョコレートを100円で買い戻すだろうか。そんなことはありえない。買い手のあなたにとってのチョコレートの価値は100円よりも高いし、売り手のお店、あるいはチョコレートの製造販売会社にとって100円の価値はチョコレートよりも高い。

つまり、妥当な取引は交換される価値が等しくないからこそ成立するのだ。等価交換ではなく、不等価交換なのである。

おわかりだろうか。これは経済理論上の屁理屈などではなく、客観的事実である。そして、異なる価値を交換するからこそビジネスが発生し、貿易が起こり、経済が繁栄し、社会が豊かになるのだ。

なんとなく等価交換の誤謬で頭が支配されていると、この単純な事実が理解できない。そして、この事実がはっきり理解できると、自由で合理的な取引を通じて私たちが人間らしく生き、富を生み出し、個人として創造的目的を達成し、組織や社会として発展できるということがわかるだろう。

給料分の仕事をするのでは失格

松下幸之助氏が自分の会社の従業員に向かってこんなことを言っていたそうだ。もし10万円の月給をもらっていたら10万円分の仕事をするのでは足りない。それでは会社がつぶれてしまう。もし社長が100万円の月給をもらっていたら、その10倍の稼ぎがなくてはならない。

100万円の月給で100万円の仕事しかしていなかったら会社はつぶれる。

これは松下氏の独特な思想や経営哲学などではない。会社から給料をもらうというのも不等価交換なのである。もらった給料の何倍も何十倍も稼ぐことによって会社が利益をあげ、その利益が雇用の中で還元され、長期間にわたる成長や発展を可能にするのだ。

それでもこの話が労働者を搾取する資本家の強欲に聞こえるとしたら、今この瞬間に立場を入れ替えて想像してみてほしい。

もしあなたが店をやっていて、時給1000円でアルバイト店員を雇ったとしよう。店員の働きで1時間に1000円売上があがったとしたらどうなるだろうか。もちろん店は採算がとれず、続けていけば倒産することになる。では1時間に1000円の粗利益（売上－仕入原価）があがったとしたらどうなるだろうか。その利益で時給1000円を払えば、店には利益が残らない。他の経費を払ったらやはり赤字である。アルバイト店員を時給で雇っただけでも、その時給よりもずっと高い売上・利益を生み出さなければ店は立ち行かないのだ。

「給料もらった分だけは仕事しよう」という考えがいかに非生産的であるか、よくわかるだろう。

それでは、給料などの報酬や購買のために使われるお金とは何だろうか。お金にはどんな価値があるのだろうか。

お金の価値

お金がどれほど大切かは今さら言われるまでもないと思うかもしれない。しかし客観主義の見地から言うと、人類の幸福や発展にとってお金の重要性は強調しても強調しすぎることはないほどなのだ。

お金は人類の叡智であり、生産・創造・生活を豊かにする最高のツールである。お金によって（物々交換では不可能な）合理的で創造的な交換が可能になる。そればかりではない。お金は貯蓄や投資を可能にし、消費を遅らせることで「時間を買う」ことができる。

社会にお金が存在しなかったらいったいどうなるのか。ほんの少し想像しただけでお金のパワーを実感することができる。お金は経済・社会・文化・文明を生み出し、支え、発展させてきた。

「お金は諸悪の根源だ」というのは完全な間違いだ。そうではなく、お金に対する執着が悪を生むのである。

お金は便利な乗り物のようなものだ。うまく乗りこなせば行きたいところに連れていってくれる。自分が運転席にいて行き先や行き方を決めなくてはならない。

別の言い方をすれば、お金は物事を実現するための優れた道具であって、決して目的ではない。お金を稼ぐ・貯める・投資する・支払うという、お金についてのあらゆる合理的な行為は、自分にとって大切な価値を実現するための手段だ。手段が目的化して、富を築くことそのものがゴールになり、執着を生むことが間違いなのである。

ここでアイン・ランド哲学における人の幸福とは何かを見ておこう。

幸福を目指しても幸福は手に入らない

人の幸福とは気分ではない。ハッピーアワーに飲み屋に行って酩酊し、幸せな気分を味わうのは構わないが、その気分は決して持続しない。ハッピーな気分は持続する幸福とは全く別のものだ。

人間の人間らしい幸福とは、自分にとっての価値を実現した結果として達成される状態である。

例を挙げて説明しよう。

自分の価値を実現しようと思えば、当然のこととして困難に直面することがある。たとえば、独立して事業を興そうと思えば、幸運だけで成功することはない。新しい取り組みに失敗はつきものだ。失敗するのは気分の良いものではない。しかし失敗を客観的に観察し、学習することによって次の成功が生まれる。

もし失敗したときに「幸せ」という気分かどうかによって物事を判断していたらどうなるだろうか。長期的な成功や成長、発展や繁栄は不可能になってしまうだろう。

逆に、どんなに挫折や不運に直面しても、簡単に諦めずに自分の道を進む人たちは、幸せな気分などに囚われていない。失敗しても、成功するまで続けていく。それは実現したい価値が自分にとって大切なものだからである。

人は価値を実現して幸福を達成する。これが客観的事実だ。つまり幸福は結果である。逆に幸福を目指しても幸福は手に入らない。幸福は正当な目的たりうるが、決して人生のガイドにはならない。スポーツの試合でいちいちスコアを見ながら試合をしても試合に勝てないのと同じである。

努力する人間に対して宇宙は優しい

諸星大二郎のマンガに「夢見る機械」(1974年)という作品がある。主人公の少年のまわりの人間が、両親も隣人も学校の先生も、誰も彼もがドリームマシンという装置に入って自分の夢を仮想現実として生きていて、街を歩いているのは全て身代わりのロボットに置き換わっている。

ここで戯画的に描かれているのは、人の幸福が気分であるという幻想である。なぜ現実の生活を全て捨ててドリームマシンに入る人間がいるのか。それは人間として生きることの放棄に他ならない。

もし気持ちのいいハッピーな気分を味わうことがすなわち人の幸福であるなら、ドリームマシンに入って(あるいはドラッグを服用して)幸せな気分に浸るほうが効率的だ。

しかし人間は現実の中で生きている。ドリームマシンの中で生きているわけではない。人間が人間らしく生きるためには、自らの意志で合理的な価値を選択し、自らの努力や行動によって価値を実現し、学習し、成長していくほかない。

これは時代遅れになった古くさい価値観の蒸し返しなどではない。第1章で言及したクリエイティブ階級と非クリエイティブ階級の大きな違いにも相当する、決定的な要因である。

クリエイティブ階級は、ごく一部のエリートの呼称ではない。自分が創り出したいものを見出し、自分で創り出すことを選択した人たちだ。人が人として生きていくためには長期にわたって自分の価値を創り出さなくてはならない。そして現代社会においてそれは誰にでも可能なのだ。非凡な才能や高い地位や特権は必要ない。自分の選択でそれが可能であり、逆に選択しない人間には不可能なのである。

アイン・ランドの哲学は、理性を持った人間であれば誰にでも幸福が実現可能であることを教えてくれる。人は理性によって現実を知り、自由な選択によって自分の価値を選び取り、そして合理的な行動によって価値を実現し、結果として幸福を実現する。

世界は理性を持つ人間にとって好都合にできている。人生の出来事は個々人の思うように制御できないことが多い一方、長期的に見ると、人の成功や幸福は可能なのだ。人類の長きにわたる繁栄がそれを物語っている。アイン・ランドはこの事実を「気前の良い宇宙」という言葉で表現する。たとえ苦難や不運に見舞われても現実を見失わず、自分の道を歩み続ける人間に対して「宇宙」つまりこの現実世界はいたって優しいのである。

恋愛・セックス・幸福

人が自分の価値を実現するには生涯にわたる仕事が必要だ。自分の職業キャリアを持つことによって長期的に価値を実現することが可能になる。

では恋愛はどうなのだろうか。誰かを好きになる、その人のためだったらなんでもできる。相手の幸福や成功を心から願い、心から祝福できる。そういう特別な相手を持つことについて客観主義哲学は何と言っているのだろうか。

アイン・ランドは「恋愛は人にとって最高の報酬だ。深い恋愛を経験できる人だけが、仕事への情熱に駆られることができる」と言う。

なぜ人はロマンチックな恋愛を体験できるのか。

アイン・ランドによれば、それは恋愛相手に対して自分の中にある最高の価値を見出すからだと言う。男女の人格の最も深いところにある価値が、恋に落ちた相手の中に見出されるから恋愛が始まるのだと言う。深い価値観を共有するからこそ深い恋愛が生じるのである。そうでない関係、野性的な肉欲に駆動された一夜限りの関係は、恋愛関係ではない。

セックスは肉体的交流だが、同時に精神的交流でもある。人が意識的または無意識に持っている価値観によってセックスの価値も異なる。合理的人間にとってセックスは自分自身と世界を祝福する営みなのだ。

幸福と同様、セックスもそれ自体が獲得するべき目的ではない。それは価値観の結果であり、利己的な喜びの表現なのである。

間違えたら気づいてあらためること

実際の恋愛はさまざまな変化を伴う。出会ったときに「この人だ」と思った相手が、案に相違して自分と価値観を共有していなかったということは大いにありうる。そのとき、恋愛感情は残っているが、価値観を共有していないという事実も認識している。そして合理的な人間であれば、感情の余波がしばらく続いていたとしても時間の経過とともにそれは薄れ、持続する恋愛関係にはならない。

仕事でも恋愛でも見誤るということはある。これが生涯をともにする相手だ、これが一生を賭けるに値する仕事だ、と見定めたとしても、それが自分の判断間違いだったということはある。間違いに気づいたときにあらためることができるのも理性の働きである。

客観主義・倫理的利己主義の哲学は、道徳的であることを要求する。それは自分の合理的価値観に忠実に生きることであって、間違いを犯さないことではない。

このために必要なのは、正直さ・誠実さ・真摯さである。

完全無欠な人間など存在しない。いつでも自分を取り巻く現実を観察し、自分自身の内側に存在する価値観を見据え、過ちをあらためるのをためらわないことが大切である。

主観的感情と客観的現実

ここまで述べてきたように、アイン・ランドの哲学の客観主義は、客観性に根を下ろした哲学である。このことは個人の主観的感情を排除するものではない。

感情は人生を味わい、楽しみ、構築する上で非常に重要なものだ。感情があるからこそ人は素晴らしい芸術を心から楽しむことができる。感情があるからこそ人は素晴らしい恋愛や人間関係を心から楽しむことができる。感情があるからこそ人は自分の職業的な達成を心から喜び、誇りに思い、自信を持つこともできる。

しかし、感情によって意思決定しないことが大切なのだ。

クリエイティブな意思決定において、感情は主役ではない。先ほどの例であったように、恋愛相手に強い恋愛感情を持っていたとき、その関係を終わらせるような重要な事実の認知があっても、感情の余波がしばらく続くことがある。それまでの関係の記憶によって主観的感情が続いているのである。

もし理性と感情が衝突するように感じるときはどうしたらいいのだろうか。

その答えは、感情がどこから生じているのかを知ることである。

感情は、価値観と現実から生じているのだ。価値、つまり自分が守りたい、または獲得したいものが、現実に損なわれたり、奪われたりすることからネガティブな感情が生まれる。自分が守りたいものや獲得したいものを手に入れたり、手に入れられると思えたりすることからポジティブな感情が生まれる。

理性と感情を無視しないこと

感情は何もない真空から魔法のように生まれるのではなく、価値観と現実から生まれるのである。

だとすれば、クリエイティブな意思決定において感情は副次的なシグナルとなりうる。つまり、主たる情報ではなく、現実と価値をチェックするための信号である。

たとえば、論理的に考えて出した結論に納得が行かないことがある。それは往々にしてふたつの可能性から生じている。ひとつは、潜在的事実にははっきりと気がついておらず、現実が見えていない可能性だ。もうひとつは、自分の価値観がはっきりと把握できておらず、ないがしろにされている可能性だ。自分では論理的に導出したつもりの結論が、現実または価値、あるいはその両方をきちんと勘定に入れていないのである。

理性と感情が衝突するように感じるときは、理性を無視してはいけない。もちろん感情を無視してもいけない。感情が何を知らせてくれているのかを観察し、分析する必要がある。

人間には自由意志がある

自由意志の重要性と必要性について述べておきたい。

倫理的に生きるためには明確な意志が必要となる。利己的に生きるためには明確な意志が必要となる。そして何よりも、客観的に考えるためには明確な意志が必要となる。

この当たり前の事実をしっかり頭に叩き込んでおかなければならない。

なぜこんな当たり前のことを言うのか。

意志が明確に保てなければ、私たちはあっという間に他人や社会の圧力に飲み込まれ、主体的に生きることができなくなってしまうからである。

何も考えずに生きていれば、私たちはたちまち主体性を失う。社会で生きる私たちは常に社会から同調を求められている。同調するのが必ずしも悪いことではない。はっきりとした自覚をもって他人や社会と歩調を合わせるのはいい。はっきりとした自覚なしに無意識に流されるように他者と同調していたら、自分が何を選択しているのかにすら気がつかず、自分の価値を実現するクリエイティブな意思決定などおぼつかないだろう。

極端な例は組織的な不祥事である。

詐欺に加担する人々

今この瞬間も、世界のあちこちで集団的な詐欺や不祥事が起こっている。不祥事と縁のない私たちは、悪人たちが詐欺を働いているのだと思い込んでいるが、実際はどうだろうか。

企業の不祥事で毎回のように明らかになるのが真面目で善良な人たちの加担である。彼らは私たちが想像するような悪人ではない。ただ会社の命令や上司の指示や組織の風習に対して無自覚に流されていたのである。

もし読者の中に組織の悪習に抗うことができなかった経験のある人がいたら、思い出してみてほしい。誰もが薄々おかしいと思っていたビジネス慣行。職場における犯罪まがいの、あるいは合法的かもしれないが不道徳な慣習。あるいは人道上許すまじき卑劣な行為。それを見て見ぬふりをして「しかたのないことだ。うちの会社だけの問題ではない」と見過ごす人たち。

ナシーム・ニコラス・タレブは事あるごとに「詐欺を見て詐欺と言わないなら君も詐欺だ」と言う。

主体的に考え、自覚的に行動する習慣がなければ、あなたもいつ組織の悪に巻き込まれるかわからない。特定の組織に属していなくても、社会の悪を見過ごしているかもしれない。

そのとき、何をもって悪と言い、何をもって善と言うのだろうか。

明確な意志がなければ判断はできない。あるいは判断しているつもりで他者の判断に流されているだけになってしまう。

自由な社会と自由意志

人間は動物とは違う。動物は生まれながらにして生存するためのプログラムを備えている。人間には自動的に作動するプログラムがない。自分で考え、自分で決め、自分で行動しなくてはならない。

その自由な判断と行動を可能にするのが、自由な社会である。

私たちの社会は完全とはほど遠い。多くの不自由を余儀なくされている。ときには理不尽な制約を受け入れたり、不合理なルールに縛られたりすることも多い。

しかし現代日本を歴史的に眺めたら、それでも極めて自由が保証されていると言っていい。確かに愚かな古い習慣はたくさん残っているものの、自分で職業を選び、自分でつきあう相手を選び、自分で居住地を選び、自分の好きな活動を楽しむ自由がふんだんにある。

そして自由な個人が自由な選択を行い、合理的で創造的な仕事をし、自由で豊かな人間関係を創り出し、自由な社会をもっと豊かにしていくことで、クリエイティブな意思決定は実践的で生産的な活動となっていく。

そのために必要な最初の力が、自由意志なのである。

私たちには人間として自由意志が備わっている。自由意志を行使するかどうか自体が自由だ。倫理的に生きることを志向するなら、まず自由意志を発揮して、自分のために生きるとはどういうことかをじっくりと考える必要がある。

考えてみてほしい。そしてもし倫理的利己主義があなたの人生にとって役立つものだったなら、ぜひ他の人たちとも分かち合ってほしい。

アイン・ランドの客観主義は地球上で生きる全ての人間のための哲学なのである。

次章では、自由意志を駆使したクリエイティブな意思決定における陰の要素を取り上げる。私たちは自由な選択をする一方で、現実をコントロールできないこともある。私たちは何をコントロールし、何を手放したらいいのだろうか。

エクササイズ

1. あなたの仕事における意思決定は利己的（倫理的）だろうか。それとも自己犠牲を伴うものだろうか。

2. あなたの人生における決断は利己的だろうか。それとも自己犠牲を伴うものだろうか。

第10章 意思決定の主体性《メイク》と受動性《レット》

物事は努力によって解決しない

——クリシュナムルティ

意思決定のメイク（make）とレット（let）

意思決定には主体性が必要だ。自分の価値や志に基づいて積極的に行動し、主体的に決定する。自分の決断に責任を持ち、自分の意志で道を切り開く。

しかし一方で、ある種の受動性も欠かせない。受容性と呼んでもいい。状況を受け入れ、状況に委ね、状況に任せるときがある。

サーフィンをする人なら、すぐに波にたとえるだろう。そう、波をつくることはできない。来た波に乗り、波に委ね、波に流される。波を受け入れた上で、自分がどう乗るかを決める。

創造プロセスにおいても同じことが言える。誰ひとりとして世界を単独で創り出している人はいない。誰でもその時代のその状況で与えられた条件の中において自分の創作を行っている。自分のキャリアを自分ひとりで決定できる人はいない。誰でも顧客や雇い主やスポンサーや取引先などとの間に生じている現実を受け入れ、その中で自分の職業選択を行っている。自分の人生を自分ひとりで決定できる人もいない。生まれた家があり、育った街があり、それぞれの人生の波の中で何を受け入れ、何に抗い、何を変えていくのかを選択している。

流されているばかりでは創り出すことができない。コントロールすることが大切だ。しかし創造プロセスの中では、自分の計画や当初の意図を手放し、委ねることも重要だ。

これを私は「意思決定のメイク（make）とレット（let）」と呼んでいる。メイクとは意志的に制御して生み出すことであり、レットとは受け入れて委ねることである。

キャリアの波と意志

私自身のキャリアもいろいろな波に翻弄され、アクシデントの連続だった。

現在は独立して20年目になる。一貫して組織コンサルティングやエグゼクティブコーチングを仕事の柱にしながら、社会人教育・ビジネス教育に従事している。今では小中高生を対象にしたディベート教育にも力を注いでいる。

しかし「どうしてその仕事をしているのですか」と問われると、たまたま巡り会ったから、と答えざるをえない。コンサルタントになろう、とか、プロのコーチになろう、とか、教育ビジネスに取り組もう、と志して現在に至ったのではなく、夢中でいろいろなことに挑戦しているうちに流れ着いた先が現在の職業なのである。

個人的な話だが、少し振り返ってみたい。

子供の頃は、秋葉原に出かけて電子部品を買い集めて電子工作をしたりする理科少年だった。将来は科学者か発明家になりたいと思っていた。

学生時代は将来の仕事を考えることもなく、英語ディベートに打ち込んでいた。ディベートは競技スポーツのようなもので、個人としての技術向上とチームとしての戦績達成を目標にして無心で没頭していたが、ディベートのリサーチの中で「社会はもっと良くすることができるのではないか」と素朴な希望を抱くようになっていた。

学校を卒業して最初の仕事は情報技術を使ったビジネスシステム構築で、途中に2年間の大学院通いをはさみながら10年間続く。金融機関や自治体の基幹システムから官公庁の情報システムまで、いろいろな組織に関わる仕事に携わった。

その中で、ビジネスや組織を一から構築したい、という思いが強くなり、たまたまヘッドハンターから来た誘いに乗って当時マネジャーをしていた職を辞し、新規事業のスタートアップに参加することにする。

ところが新規事業スタートアップによくある話で、ビジネスが立ち消えになって、突如として失業してしまう。

呆然としたが、すぐに友人や知人に声をかけ、職探しを始める。33歳の春だった。

思えばこのときが自分のキャリアにとっての大きな分岐点であり、転換点になったのである。

何しろ無職なので、収入はゼロだが、時間は自由である。毎日気ままにいろいろな人たちに会いに行った。幸いなことに、それまで仕事中心で散財する余裕もない質素な暮らしをしていたため、当面の生活に困らないほどの蓄えがあり、家族が路頭に迷う心配はしていなかったのである。

外で人に会わない時間は、まだ小さい子供たちと遊びながら、ここぞとばかりにいろいろな書物を読んで過ごした。この時期に読んだ本のいくつかはその後のキャリアや人生に大きな影響を与えることにもなる。

スタートアップに失敗したばかりだったが、再度チャレンジしたい意欲は喪失していなかった。そしていくつかの新規事業や小さなビジネスから声がかかり、幸運なことに複数のオプションから自分にとって最善の選択をしようとしていた。

ところがそのとき、それまで全く縁のなかった経営戦略コンサルティングの事務所からオファーがあったのだ。

戦略コンサルティングの仕事については多少の知識を持っていた。友人や知人にコンサルタントがいたからだ。そして自分のやる仕事ではないと思っていた。企業の経営相談に乗り、戦略を考案し、提案する。提案した戦略は実行されることもあれば、実行されないこともある。それは相談した企業の経営者次第だ。自分はそんな企業の参謀をやろうというつもりはない。どちらかといえば相談する経営側に回りたい。

そう思っていた。

ところがオファーのあった戦略コンサルティングファームの仕事は、それとは違う魅力的な仕事に思えた。戦略の提言に終わることなく、その実行も支援し、トランスフォーメーションを実現しようというのである。

また、面談で遭遇した人々も魅力的だった。このときにお会いしたコンサルタントの人たちには多大な影響を受けた。彼らはもちろん現在も各方面で活躍しており、私自身は今でも影響を受け続けている。

そしてこの戦略コンサルティングファームに参画したことが現在の私のキャリアの基礎を構築し、独立してからの全ての仕事につながっている。

プロフェッショナルの仕事とはどういうものか。クライアントを持つコンサルタントとはどういう存在か。コンサルティングのビジネスはどう成立するのか。コンサルティングの仕事の成功とは何か。

私はこの事務所で仕事をする短い期間にプロの仕事のありようを一から学び、自分自身のキャリアの完成に近づいていった。

その後の詳細は省くが、いくつかの重要な分岐点や転換点で、振り返ってみれば幸運としか言いようのない偶然に恵まれ、そのチャンスを受け入れていったことによって私のキャリアは形成されていった。

スティーブ・ジョブズが有名な2005年のスピーチで「アップルをクビになったことはあとから振り返ったら最もラッキーな出来事だった」と回顧している。私も1998年に突然無職になったことは最もラッキーな出来事だったと思っている。

計画的偶発（planned happenstance）というセレンディピティ

この手のセレンディピティは多くの人や組織の成功に共通している。つまり、自分で選んだ、というよりも、状況がチャンスを差し出してきた、とでも呼びたくなる幸運である。

教育心理学者のジョン・D・クランボルツは1999年に計画的偶発という理論を発表し、本人の予想しない偶然の出来事によってキャリアが形成されることについて詳しく分析している。

「計画」と「偶発」は相反する概念だ。計画していたなら偶発ではないし、偶発なら計画できない。

しかしキャリア形成の長いプロセスの中では、本人が計画できる要素と、状況が偶発する要素の両方があり、その組み合わせが成功の鍵なのだ。

計画的偶発のエッセンスは、自分の創り出したい成果について明確な意志を持ちながらも、変わっていく現実の中に見え隠れする好機を見逃さないように常に流動的で即興的な決断や行動ができる柔軟性を失わないことにある。

そして計画的偶発は、キャリア開発の領域に留めておくべき洞察ではない。ビジネスや人生のあらゆる領域に応用されるべき洞察に他ならない。

いかに計画をメイクし、幸運をレットするか。チャンスが生まれる環境や構造をメイクし、いざチャンスが目の前に現れたときはすかさず動く。失敗しても価値や志を失わず、新たな道をメイクする。

私の専門である組織コンサルティングやエグゼクティブコーチングにおいても、計画《メイク》と偶発《レット》の両方の要素を戦略的に利用しない日はない。

組織変革の目的や意図は明確に定義し、プロジェクトの旗印として共有する。滅多なことで旗印を変更することはない。

一方、プランニングの際に決定した行動や道標は、状況の変化に応じてあっさり変更したり放棄したりする。こうすると決めたことによって新しい風を無視したりしない。設定した個別のゴールよりも優れたチャンスがあれば即座に軌道修正する。

朝令暮改は常である。しかしそれは大きな方向性においてではない。日々の決定や行動においてである。

エグゼクティブコーチングも同じだ。リーダー育成やチーム開発などの領域で目標を定義し、コーチングが始まる。しかしコーチングのプロセスでは次々と新たな現実が姿を現わす。当初の想定よりも、今目の前に見えている現実のほうが大切だ。その現実から何を学び、どんな変化を創り出そうとするのか。

変革プロジェクトでも教育プログラムでも、主体的にやること（make）と受動的になること（let）の両方が大切だ。

雲の行方を風が決めるように、サーファーの行方は波が決める。そしてどの波に乗るのか、どう乗るのかはサーファー自身が選んでいる。

この事象は、カネヴィン思考における複合系の知識があれば理解を深めて自覚的に活用することができる。

たとえば企業におけるイノベーションの重要性と可能性である。

イノベーションは十中八九失敗する

イノベーションの試みのほとんどは失敗する。無数の失敗の中からわずかに生き残ったものが歴史的なイノベーションとなる。しかし時《とき》の試練を経ずしてどの試みが成功するかを占うことはできない。

これはイノベーションのジレンマなどという概念で幅広く知られている事実であるにもかかわらず、正しい理解が共有されているとは言えない。

多くの企業は失敗を嫌うためにイノベーションに挑戦しない。それでもイノベーションがなくては将来が危ういと自覚した企業の中には、イノベーション推進の狼煙《のろし》を上げ、少数の社員をその任に当て、予算を割き、コンサルタントを雇い、イノベーションを起こそうと努力する。

その努力のほとんどは実を結ばない。

努力が足りないからではない。イノベーションの性質からして資金や資源を投下してリターンをあげようとする試み自体が最初から挫折を宿命づけられているのだ。

ではどうしたらいいのか。

イノベーションが起こりやすい条件を整えるだけ

優れた企業はイノベーションが起こる環境条件を整え、必要な制度を導入し、ふさわしい風土を維持している。

つまりこういうことだ。ここで言うイノベーションとは、従来のプロセスの改善に留まらない、飛躍的な革新や不連続の発明のことである。そしてそういうイノベーションの成功確率は異常に低い。しかし万一うまくいったときはインパクトが大きい。

発明やイノベーションで知られる組織や人物は、ひとつの成功の裏で無数の失敗をしている。数多くの失敗から学んで数少ない成功を実現している。

かつて経営の神様と謳われた松下幸之助翁は「うち（松下電器産業）にはソニーという研究所がある」とうそぶき、独創的なソニーの製品に学んで優れた製品を製造することを公言していたという。

これはしばしば侮蔑的な意味合いで引用されることがあるが、実際には発明や開発が自社であろうと他社であろうと関係なく、顧客のために優れた製品を創り出す企業の経営姿勢をあからさまに表現したものではないか。

そして当のソニーは、利益よりも独創的価値を優先したイノベーションを主導し、のちにアップルにおけるイノベーションを主導するスティーブ・ジョブズを感化する。一切の市場調査をせず、消費者・生活者が何を望むかを先取りしたのである。

小林製薬は「イノベーションを邪魔しない」という一貫した方針を持ち、「あったらいいなを形にする」アイデアを全社員から集めては絞り込み、見込みのあるわずかな提案をさらに精査し、コンカレント開発と呼ぶスピーディなプロセスによって製品化して市場に投入する。そしてその中からときに大ヒット製品を生み出す。

イノベーションには発芽・育成・構築といった成長段階がある。大半のアイデアは発芽段階で未熟に終わり、続いてたくさんのアイデアが育成段階で消えていく。そして残ったアイデアの多くは構築段階で死滅し、イノベーションとして価値を生むものはごくわずかだ。

そして重要なことに、イノベーションとして完成するのは当初の意図や想定とは全く異なる使われ方をすることが多い。ポストイットは粘着性の弱い失敗作の接着剤の発見から生まれた。ペニシリンは細菌の培養に失敗したプロセスで偶然発見された。バイアグラは狭心症の治療薬として開発されたが、その効果よりも副作用のためにヒット製品になった。

多くの優れたイノベーションは、計画の成功ではなく、偶発的な失敗によって生まれている。

オペレーションの改善や効率化が煩雑系（秩序系）における計画によって可能なのに対し、イノベーションの創発は複合系（非秩序系）における創発によって可能になる。資源を集中投下して計画的イノベーションを引き起こすのではなく、数多くの挑戦と失敗を許容し、偶発的な成功を見落とさないことが鍵なのである。

幸運を計画《メイク》することは不可能だ。しかし幸運な偶然が転がり込むような環境を構築《メイク》することは可能だし、セレンディピティが生じたときにめざとくチャンスをつかむ能力を磨くことも可能なのである。

ニーバーの祈りが人気の理由

神よ、変えることのできないものを静穏に受け入れる力を与えてください。
変えるべきものを変える勇気を、
そして、変えられないものと変えるべきものを区別する賢さを与えてください。
――ラインホルド・ニーバーの祈り

私たちは宇宙をコントロールできない。宇宙どころか、自分の住む世界の片隅ですらコントロールできない。森羅万象に翻弄され、ときに抗いがたい運命に抗い、ときに変えられる状況を受け入れてしまう。ラインホルド・ニーバーが作者だとされる「祈り」が人気なのは、いつメイクし、いつレットするかの知恵さえあれば、と多くの人が願うからだ。その知恵を獲得するのは容易ではない。だからニーバーの祈りが頻繁に引用されるのである。

しかし悲嘆には及ばない。本書の内容に基づいて、いくつか理由を挙げよう。

まず、バーベル戦略を思い出してほしい。生き残りに必要な安定した秩序をポートフォリオの85パーセントに求め、飛躍や繁栄に必要なリスクを15パーセントに賭けることだ。失敗したとしても大きなダメージにならないようにリスクを管理し、ときに失敗と思われるものが隠れた成功のポテンシャルを持っている可能性を忘れてはならない。

次に、宇宙はおおむね人間に優しいという形而上学的事実である。

気前の良い宇宙という原則

人生に失敗や挫折はつきものだ。しかし現代の文明社会は、脆弱さや邪悪さを抱えながらも、人類が生存し、繁栄するのにふさわしい環境を備えている。アイン・ランドはこの事実を「気前の良い宇宙」と呼んでいる。

宇宙は生き物ではなく、「気前の良い」というのはもちろん言葉の綾である。宇宙が人間に対して優しい気持ちを抱いているというわけではない。しかし、人間が宇宙を尊重し、現実に対して合理的に行動する限り、高い確率で自分の価値を実現できる。それが現実的な価値であれば、である。その意味で、宇宙は気前が良く、人に優しいのだ。

クリエイティブな意思決定者は、失敗や挫折に遭遇したとき、現実を見て自問自答する。自分は何を創り出したいのか。そして創り出したい結果に対して、今の現実では何が起こっているのか、と。

失敗や挫折は世界の終わりではない。意思決定と行動のスタートであり、そしてしばしば思いもよらない成功や繁栄のきっかけですらある。失業や失恋が人生を好転させるターニングポイントになるように、不運がチャンスを連れてきたり、不幸が幸福を呼んだりすることもある。

宇宙は人に優しい。これが根拠のない宗教的な信仰などではなく、ときに過酷な現実を徹底的に生き抜いたアイン・ランドから発せられていることを私はいつも思い出す。

そしてその前提を具現化するのは、常にクリエイティブな意思決定と行動である。

ゾウリムシ戦略の有効性

ゾウリムシは糖を好み、酸を嫌う。しかし糖がどこにあり、酸がどこにあるか知らない。ではどうやって糖を得て酸を避けるのか。

ランダムな移動によるのだという。

ゾウリムシは動き回り、糖があれば居座り、酸があれば逃げ出す。

もちろん私たち人間はゾウリムシとは違って、もっと複雑な嗜好を持ち、もっと複雑な感覚を駆使し、複雑に思考することができる。

しかし行動しなければわからないことも多い。

今自分は何を求めているのか。自分の求めているものはどこにあるのか。

ときにランダムに動き回ることによって自分の環境を知り、自分の嗜好を知り、自分の価値を発見し、創り出したい結果を創り出すチャンスを手に入れる。

このとき、動き回るのは主体的な行動（make）であり、転がり込んできたチャンスやピンチを見分けて受け入れるのが受容的な行動（let）である。

ファシリテーターのメイクとレット

メイクとレットの原理を理解して実践できると、あらゆる種類のファシリテーションに応用できる。

ファシリテーションを知らない読者のために簡単に紹介しておこう。ファシリテーションとは「会議等の場で、発言や参加を促したり、話の流れを整理したり、参加者の認識の一致を確認したりする行為で介入し、合意形成や相互理解をサポートすることにより、組織や参加者の活性化、協働を促進させるリーダーの持つ能力のひとつ」とされている（ウィキペディアより引用）。まさにその通りで、会議・会合・打ち合わせ・プロジェクト・チーム運営、あるいは教室の授業などさまざまな場面で、その場の参加者を支援し、場の目的の達成を助けるのがファシリテーターである。

ファシリテーターのいない場、言い換えるとリーダーシップの機能していない場では、話し合いが容易に混沌に陥るリスクがある。参加者が好き勝手に自分たちの言いたいことを言い、話し合いの目的から離れて話題がごちゃごちゃになる。あるいは逆に、参加者が遠慮や不信感などさまざまな理由で自分の本心を明かさず、建設的な対話が成立しない。

私自身が計画的で戦略的なファシリテーションを初めて体系的に学んだのは1998年のことで、非常な衝撃だった。極めて短時間のファシリテーションによって生産的で創造的な話し合いが可能になるのである。この体験やその後の実践から学んだことは2011年の『プロファシリテーターのどんな話もまとまる技術』（クロスメディア・パブリッシング）という著書に詳しく紹介している。

さて、ファシリテーションの具体的な実践スキルは数え切れないほどあるが、メイクとレットのバランスを知ると単純明快に理解できる。ファシリテーターが主体的にリーダーシップを発揮すること（make）と、受容的にリーダーシップを発揮すること（let）の両方が要求されるのがファシリテーションなのである。

少し具体的に想像してもらいたい。

たとえば、ファシリテーターがその場で話し合うべきテーマやアジェンダを設定し、場の効果や効率を高めるためのグラウンドルールに合意を求め、厳格な時間管理をしてミーティングを進行し、逸脱が起こらないように監視して、もし逸脱すれば注意を促して場の秩序を維持する。すると見かけ上の効率は高まるかもしれない。しかし参加者は息苦しさを覚え、自由な発言を抑えられ、創造性や長期的な生産性を損なう怖れすらある。そうだとしたらメイク過剰の仕切りすぎである。

あるいは逆にファシリテーターが参加者の自由を尊重し、どんな発言でも行動でも許容し、お互いを信頼して何を言い合ってもいい場だと宣言し、参加者がそれを真に受けて言いたい放題、やりたい放題のミーティングになったとしよう。実際、目的によってはそういう場のデザインが必要であったり有効であったりすることもある。しかしひたすら自由と信頼だけを頼りに進行していったら、目的が見失われ、時間が浪費され、ただ言いたいことを言ってやりたいことをやったという自己満足に終わりかねない。そうだとしたらこれはレット過剰の手放し運転である。

優れたファシリテーションには必ず主体的なメイクと受容的なレットの組み合わせやバランスが存在する。明確に目的を目指しながら不要なコントロールは手放す。あるいは時間帯を区切って自由と信頼、管理と秩序のバランスを変化させる。

ビジネスにおいて時間は貴重な有限資源であり、時間を浪費させないことはファシリテーションの眼目だ。しかし一定の枠内で自由な逸脱をあえて奨励し、一見すると遠回りな道筋で目的に向かうこともある。本書で紹介してきたさまざまな手法の多くは、ミスを許容しながらチャンスを創り出すクリエイティブなアプローチだ。その実践において主体性《メイク》と受容性《レット》を意図的にデザインすることは、ファシリテーションに限らず、あらゆる複合系におけるリーダーシップに求められる要素と言えるだろう。

主体的かつ受動的、計画的かつ即興的

クリエイティブな意思決定においては、創造プロセスの主人公であることが何よりも大切だ。「何を創り出したいのか」を決めるのは、あなた自身だ。他の誰にもその仕事を委託することはできない。

しかし同時に、創造プロセスでは想定外のことやコントロール不能なことがたくさん起こる。全てをコントロールしようと思ってはいけない。

あなたは主体的でなくてはならない。しかし受動的であらねばならない。計画的でなくてはならない。しかし移り行く現実に対して常に即興的であらねばならない。

これがメイクとレットのバランスである。

本書では、どこに主体性を持ち、どこに受容性を保つべきかを、さまざまな角度から明らかにしてきた。

この一見矛盾するような相反する態度を実生活に取り入れることができると、無駄な努力が減り、必要な工夫が増え、ストレスが減り、思いがけないチャンスの到来が増えていく。クリエイティブな意思決定の極意である。

何もしないことに全力を注ぐ

心理学者の河合隼雄氏がカウンセリングにおいて「無為」の重要性を説いている。河合氏は無為を文字通り「何もしない」ことだと言い、カウンセラーが「何もしない」ことによって患者が自分の可能性を十全に発揮し、起こるべきことが起こるのだという。何もしないことが力を生むのであって、カウンセラーとしての河合氏は「何もしないことに全力を注ぐ」のだという。

知らない人が聞けば禅問答のような謎に聞こえるかもしれない。

しかしメイクとレットのバランスから再度この話を聞けば、「全力で、何もしない」の意味が理解できるだろう。

相手の人間が自らの力で動き出し、自然に本領発揮するのを待つ。これは並大抵のことではない。希望を胸に抱きながら待つ。何も心配せず、変化が起こるのを悠々と待ち続ける。そして変化を見逃さず、チャンスを無駄にしない。

私はカウンセラーではない。しかし河合氏の臨床姿勢は非常によく理解できる。プロフェッショナルとしてできること・すべきことを完全に行う。一方で、クライアントがすべきこと・できることを見極め、その可能性を疑わず、相手が決断して行動するチャンスを決して奪わない。

宇宙は人間に優しい。人事を尽くして天命を待つ。
クリエイティブな意思決定者は常に主体者であり、同時に宇宙の波に乗るのである。

エクササイズ

1. あなたの仕事における意思決定はどのように主体的だろうか。あるいはどのように受容的だろうか。人生における意思決定はどうだろうか。
2. セレンディピティはいつ、どういうふうに起きているのだろうか。セレンディピティを活かすために何ができるのだろうか。

エピローグ
豊かな社会の愉快な人生

なぜいつも同じ服を着ているのか

スティーブ・ジョブズはある時期からいつも同じ服と同じ靴を着用していたという。三宅一生デザインの黒のタートルネック、リーバイスの青いジーンズ、ニューバランスのスニーカーだ。

マーク・ザッカーバーグも毎日のように同じ服装をしている。憧れのジョブズの真似をしているのだろうという人もいる。

そういえばアルバート・アインシュタインもいつも同じようなスーツを着ていたという。

いったい彼らはなぜいつも同じ服装なのだろうか。

「服装選びに頭を使うと他の大事なことに使うエネルギーを消耗するからだ」

などと、もっともらしく解説する人たちがいる。

それを聞くと私はおかしくて笑ってしまう。

なぜかというと、クリエイティブな仕事をする人たちは、意思決定によってエネルギーを消耗するどころか、ますます元気になっていくからである。

意思決定のエネルギー

決断や判断によって頭脳のエネルギーを消耗する、という神話は、少なくともクリエイティブ階級の人間たちには当てはまらない。

創り出す人は、創り出すための決断が楽しくて仕方ない。もちろんプロとして仕事するからには決断に責任を伴うし、頭も使うし、集中もするし、疲労もする。しかし意思決定のためのエネルギーを節約しておこうなどと考えることはない。なぜなら、創り出せば創り出すほど人は元気になっていくからである。

スティーブ・ジョブズがなぜ同じ服装をしていたのかは本人に聞いてみなければわからない。しかし確実に言えることは、彼は次々と新しいものを創り出すことを心から楽しんでいたことだ。そして創造のための意思決定は、エネルギーを消耗するものではなく、意思決定者を活気づけ、若返らせ、創造的にし、生産的にするものなのである。

もしあなたが意思決定に疲れ、エネルギーを消耗し、

「もう何も決めたくない」

「誰か自分の代わりに決めてくれ」

と思っているとしたら、それはたぶん他人に押しつけられたやらされ仕事を嫌々やっているか、あるいは自分でやらなきゃならないと思い込んでいるルーティン業務を渋々やっているせいかもしれない。

意思決定を創造的に変えることは可能

もしそうだとしたら、それは変えることができる。

意思決定を創造的に変えること。それは可能なのだ。

ディベート思考によって、今この瞬間の状況ではなく、これから先の未来をどう変えていくかを考える。ひとつの意思決定について複数の未来の視点から多角的に考える。

デジタル思考によって、ああでもない、こうでもない、という下手の考え（アナログ思考）をやめ、きっぱりと正確に考える。価値の階層と現実の把握によって揺るぎなく決断できる。

構造思考によって、状況に主導権を与えるのではなく、自分が創り出したい成果に主導権を与える。

意思決定の地図とコンパスを手に入れて、空間的に考える。

カネヴィン思考によって、複雑性に翻弄される代わりに、複雑性を味方につける。失敗しないように行動するよりも、小さな失敗から学んで大きな成功を実現する。反脆弱性を知ることによって、リスクに敏感になり、リスクに対処するだけでなく、リスクを活用できるようになる。意思決定を単発のイベントではなく、連続するプロセスとして扱えるようになる。

そして倫理的利己主義・客観主義を知ることで、自分の中心目的を客観的に定義し、無用な迷いのない意思決定が日常化する。

クリエイティブな意思決定は苦行ではない。創造は楽しみであり、困難さえもチャンスに変える。

多すぎる選択肢と贅沢な悩み

本書を読み終えたら、すぐに仕事や生活の現実を見直してみてほしい。

現代社会を生きる私たちには、しばしば多くの選択肢が提示される。

医療ひとつをとっても、昔なら医者の指示に従うか従わないかの選択だったのに対し、今は病気によっては治療のアプローチが複数存在し、簡単に選ぶのが難しいケースも多い。

職業選択もそうだ。昔は存在しなかった多くの職種や職業が生まれ、キャリアに対するアプローチも多様化している。

これは昔の人からしたら贅沢な悩みに見えるだろう。昔は不可能だったために考えるゆとりすらなかったことが、現実的なオプションとして目の前に提示されているのだから。

新しい創造の世界へようこそ

しかし従来的な意思決定方法では、自分にとって何がベストなのか、組織や社会にとって何がベストなのか、見極めるのがとても難しくなっているのも事実だ。

クリエイティブな意思決定は、豊かな社会を愉快に生き抜き、見えないリスクに翻弄されることなく、チャンスを生み出していく方法である。

今まで2本指タイピングをしてきた人が、これからタッチタイピングを学べるように、本書によってクリエイティブな意思決定を学んだら、すぐに現実に活かせるかどうか試してほしい。

私自身も日々そうしている。

参考文献

『ディベート道場——思考と対話の稽古』（田村洋一著、Evolving）

前半はディベートの基礎から応用までの全般的な解説、後半は学生時代にアカデミックディベートを経験して社会における職業活動でディベートを応用している人たちのインタビュー。本格的なディベートに取り組む人にはガイドブックとなり、ディベート思考のエッセンスに触れたい人にはヒントと実践ツールを与える本になっている。

『ディベートで超論理思考を手に入れる　超人脳のつくり方』（苫米地英人著、サイゾー）

脳機能科学者の苫米地英人氏も学生時代にディベートを学び、その方法をフル活用して活躍する人のひとりで、ディベートこそ脳を開発する最強のメソッドだと言っている。この本を読むと、ディベートがコミュニケーションの方法ではなく、複雑な物事を徹底的に考え抜くための方法だということがよくわかるだろう。

『Your Life as Art 自分の人生を創り出すレッスン』（ロバート・フリッツ著、Evolving）

ロバート・フリッツが発見し、体系化し、伝授している構造思考と創造プロセスを、人生構築のためにどう利用したらいいかについて、一から解き明かしている。誰もが自分の人生をアートとして創り出して生きることができる。その魅力と方法を惜しみなく伝える1冊である。

『自意識（アイデンティティ）と創り出す思考』（ロバート・フリッツ、ウェイン・S・アンダーセン著、Evolving）

人生の構造の中にロバート・フリッツの言うところの「観念」が入り込むと、創造プロセスの邪魔になる。しかし「観念」を退治しようとしても構造は変わらず、かえって難しいことになりかねない。どうしたらいいのか。基礎知識がなくても明快にわかるようにさまざまな角度から解説している。

『偉大な組織の最小抵抗経路 リーダーのための組織デザイン法則』（ロバート・フリッツ著、Evolving）

構造力学と創造プロセスをビジネスなどの組織に応用したら、どんな偉大な成果が可能になるのか。著者曰く「これ1冊で会社を経営できる」という、構造思考による経営書の決定版。

『不確実な世界を確実に生きる　カネヴィンフレームワークへの招待』（コグニティブ・エッジ、田村洋一著、Evolving）

カネヴィンフレームワークの入門書。カネヴィンフレームワークの名付けの親デイヴ・スノーデンにも寄稿してもらった。

『反脆弱性（上）（下）　不確実な世界を生き延びる唯一の考え方』（ナシーム・ニコラス・タレブ著、ダイヤモンド社）

ナシーム・ニコラス・タレブの造語である反脆弱性《アンチフラジリティ》についての総合的な解説書であり、かなり真剣で専門的な内容を含むものの、気楽なエッセイとしても読める。

『SELFISHNESS（セルフィッシュネス）　自分の価値を実現する』（アイン・ランド著、Evolving）

アイン・ランドの哲学オブジェクティビズムについてのアイン・ランド自身によるエッセイ集。主に倫理的利己主義《セルフィッシュネス》について詳しく解説している。

［著者］
田村　洋一（TAMURA YOICHI）
組織コンサルタント、教育家。メタノイア・リミテッド代表。ピープルフォーカス・コンサルティング顧問。上智大学外国語学部卒業。バージニア大学ビジネススクール経営学修士（MBA）。野村総合研究所、シティバンク、外資系経営戦略コンサルティング会社で、企業等のプロジェクト組織運営に携わる。現在は、企業人教育、人材育成、組織開発のためのエグゼクティブコーチング、マネジメントトレーニング、ファシリテーションなどの活動を行う組織コンサルタント。Structural Thinking Applied Research（STARクラブ）、合理的意思決定力とコミュニケーションのためのディベート道場などを主催する。主な著書に『組織の「当たり前」を変える』（ファーストプレス）、『人生をマスターする方法』（ライブリー・パブリッシング）、『プロファシリテーターのどんな話もまとまる技術』（クロスメディア・パブリッシング）、『ディベート道場―思考と対話の稽古』『知識を価値に変える技―知的プロフェッショナル入門8日間プログラム』（Evolving）、『組織開発ハンドブック』（共著、東洋経済新報社）、『不確実な世界を確実に生きる―カネヴィンフレームワークへの招待』（共著、Evolving）など多数。ロバート・フリッツの翻訳書に『自意識（アイデンティティ）と創り出す思考』（監訳）、『偉大な組織の最小抵抗経路 リーダーのための組織デザイン法則』『Your Life as Art 自分の人生を創り出すレッスン』（以上、Evolving）がある。

CREATIVE DECISION MAKING
意思決定の地図とコンパス

2021年10月6日　第1刷発行

著　者　田村 洋一
発行者　糸賀 祐二
発行所　Evolving合同会社
〒300-1155　茨城県稲敷郡阿見町吉原572-17
http://evolving.asia
e-mail info@evolving.asia

DTP　マーリンクレイン
カバーデザイン　小口翔平＋三沢稜（tobufune）
校正　鷗来堂
印刷・製本　中央精版印刷株式会社

本書の無断複写・複製（コピー）は著作権上の例外を除き禁じられています。
乱丁・落丁の場合は送料当方負担でお取り替えいたします。

ISBN978-4-908148-23-1
©2021 Yoichi Tamura
Printed in japan

好評既刊

自意識《アイデンティティ》と創り出す思考

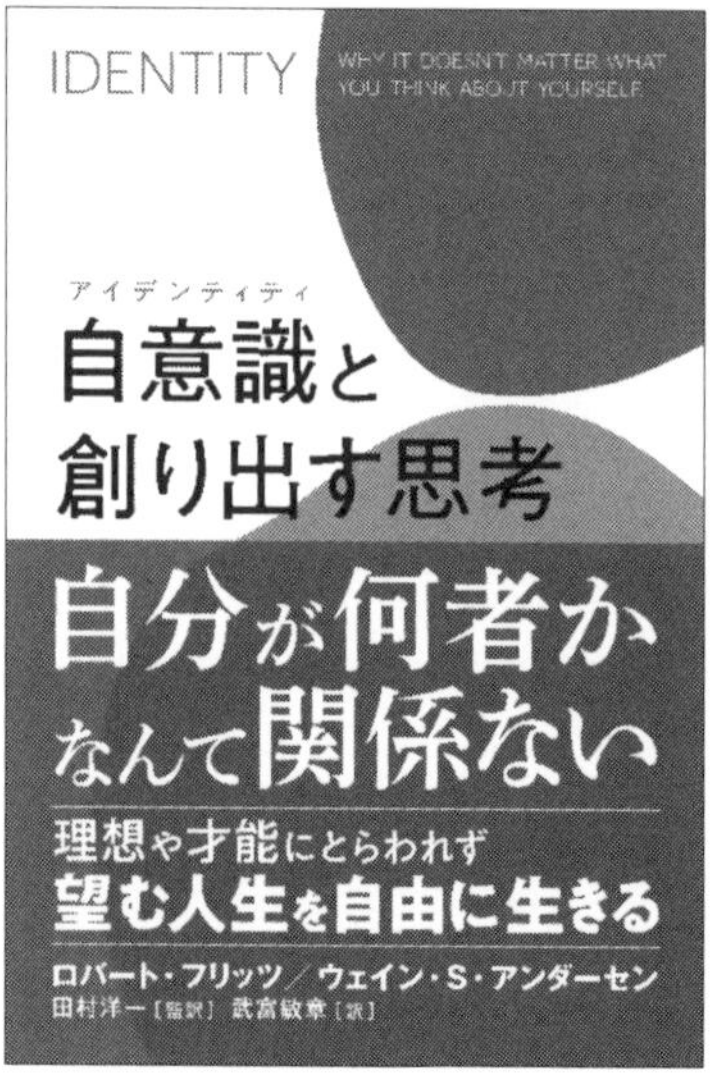

人生やビジネスを創り出すのに自分が何者かなんて関係ない！
理想や才能にとらわれずに望む人生を生きる

【自意識(identity)とは】

自分は何者だ、自分はこうだ、と自分自身について思っていること。自意識を強く持っていることによって学習が阻害され、本来の創造行為が妨げられる。また、成功しても自意識の問題によって逆転が起こり、成功が長続きしない。自意識とは何か、どうしたらいいのか、が本書のメインテーマである。

【本文より】

読者の中には、いい自己イメージが大切だとずっと聞かされ続けてきた人もいるかもしれない。

しかし本書を読むうちに、自己イメージなど全く大切ではないということがわかるだろう。

本当に大切なのは、いかに効果的に自分が生きたい人生を構築できるかなのだ。

本書では、そのことを構造的、精神的、心理的、医療的、そして生物学的次元で次々と解き明かしていく。

- ロバート・フリッツ ウェイン・S・アンダーセン 著
- 武富 敏章 訳　田村 洋一 監訳　◘四六判　◘ソフトカバー

好評既刊

Your Life as Art
自分の人生を創るレッスン

アーティストから学ぶ「創造プロセスの手順・姿勢・精神」
人生に影響を与える3つのフレームを知り、自分の人生を創り出す

【イントロダクションより】

自分の人生をアートとして見る。そう、本書のタイトルにある通りだ。アーティストがアートを創り出すように、あなたは自分の人生を創り出すことができる。自分の人生をそうやって捉えられるようになると、世界は一変する。人生を構築するプロセスにもっと主体的に関わるようになる。本当に創り出したいことをもっと創り出せる。人生経験の質を拡大することができる。「こんな人生にしたい」と思うことを、ちょうどアーティストが「こんな作品にしたい」と思うように心に抱く。そして、実際にそういう人生を生み出すときに、画家が絵画を描き出すような戦術を用いて実行できる。そして画家が自作品を壁に飾って味わうように、生み出した人生を実際に生きることができるのだ。

◉ロバート・フリッツ 著　◉田村 洋一 訳　◉四六判　◉ソフトカバー

好評既刊

SELFISHNESS
自分の価値を実現する

自分の人生は何のためにあるのか?我々は誰のために生きるのか?
アメリカの起業家たちに影響を与え続けるアイン・ランド哲学がここに復刊!

【「はじめに」より】

なぜ人は道徳律を必要とするのかが理解できれば、道徳の目的が人間にとって適切な価値と利益を定義することであることも、道徳的に生きる上で自分の利益を重んじることが不可欠であることも、人が自分自身の行為の受益者でなければならないことも理解できるでしょう。

【本文より】

オブジェクティビズム倫理学の基本原則は、「自分自身の人生がそれ自体目的であるのと同じように、生きているすべての個人は一人ひとりが目的であって、他人の目的や幸福の手段ではない。だから人間は、自分を他人の犠牲にせず、他人を自分の犠牲にせず、自分自身のために生きなければならない」というものです。「自分自身のために生きなければならない」というのは、自分の幸福の実現が、人間にとって最高の道徳的目的であるということです。

- アイン・ランド 著　●オブジェクティビズム研究会 訳　田村 洋一 監訳
- 四六判　●ソフトカバー